すぐできる！
紐とロープの
結び方

西田 徹 監修

はじめに

　災害や非常時の際に、手近にあった一本のロープのおかげで、それを使って命が助かったという話をよく聞きます。
　たとえロープがなくても、「結び」の知識さえあれば、ベッドのシーツ、カーテン、帯などをつなぎ合わせてロープ代わりに使うことができます。
　もちろん、その時は必ず結びを力いっぱいに締め、水に濡らして結び目を滑り抜けないようにして、ロープの中間に、手がかり足がかりのコブ（止め結び）を作っておくことが条件です。これをしないと、脱出の途中で結び目が解けてしまったり、摩擦熱に耐えきれなくなって手を離してしまったり、かえってより悲惨な結果を招くことにもなりかねないからです。
　私たちの日常の生活を振り返ってみても、様々な場所や場面で、ロープや紐の「結び」が役に立っていることが多いものです。贈り物に結ばれた紐には、贈り手の心遣いが感じられますし、建築現場で見るロープには力強さ、たくましさが感じられます。
　この「結び」の歴史は、人類の太古からの歴史と同じように古いものです。おそらくはブドウのつるや動物の皮を細長く切り取ったものを用いて、ある時、ふと一つの「結び」を編み出し、それが便利であればあるほど、人々は競ってその結びを習い覚えたのでしょう。

現在知られている「結び」の種類は一〇〇〇余あるといわれています。この数多い中から、最も基本となり、しかも実用性の高いものを一〇九種類取り上げました。

人間はこれほどまでに文明を発達させましたが、まだまだ、大きな災害に襲われれば多くの人が命を落としかねない、小さくて弱い存在です。

紐やロープを「結ぶ」という素朴な行動のなかで、あらためて「大自然の厳しさ」を知っていただきたいと思います。

ぜひともご一家でお読みいただき、確実な「紐の結び方」を覚えてください。

そして、一本の紐の持つ素材の美しさ、かたちの美しさも味わっていただければと思います。本書が、皆さまのお役に立つよう、心から願っております。

西田 徹

◎目 次

第2章○輪をつくる

- ●ひきとけ結び
- ●ジャグ・スリング
- ●わな結び①
- ●もやい結び
- ●わな結び②
- ●フイシャーマン
- ●吊り結び
- ●こしかけ結び
- ●すべり結び
- ●ふたえもやい
- ●なげなわ結び
- ●フランスもやい
- ●ふたえ止め結び
- ●スペインもやい
- ●ふたえ8の字結び
- ●消防結び
- ●片ふたえ引き解け結び
- ●バタフライノット

第1章○こぶをつくる

止め結び

人が両腕を組んだ形で、結びの中では最も単純なもの。一時的にほつれを防いだり、握り手にするためロープの端にコブ（節）を作るときに用います。

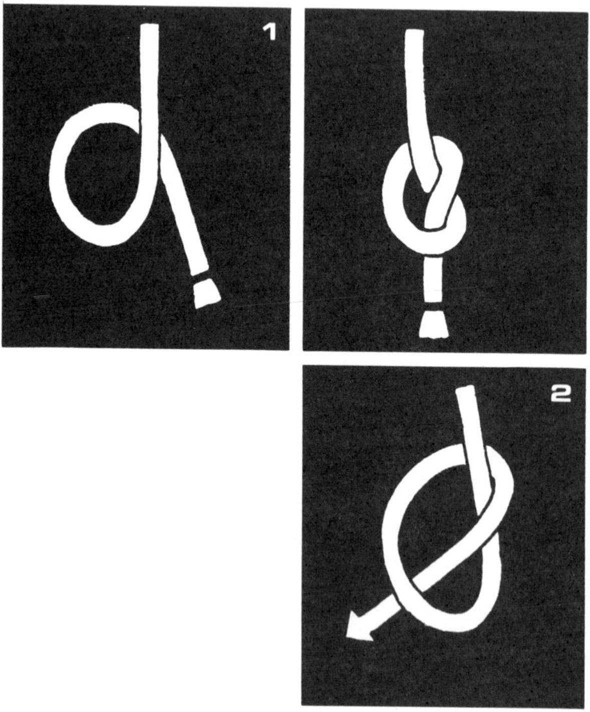

かため止め結び

止め結びよりやや大きいコブを作るときに用います。避難用の太ロープに、**連続かた止め結び**を作ると、安全な脱出用ロープとなります。

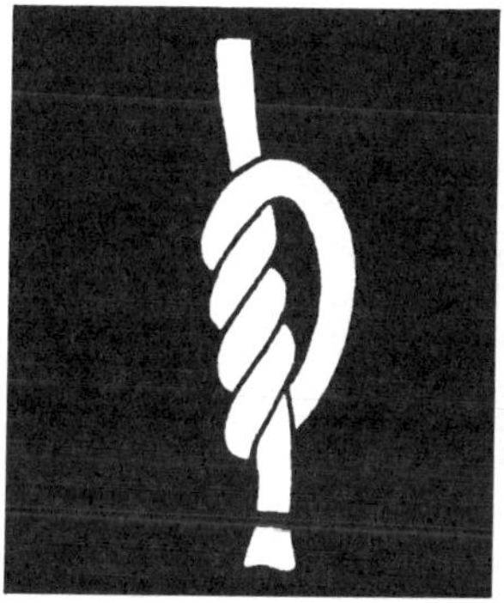

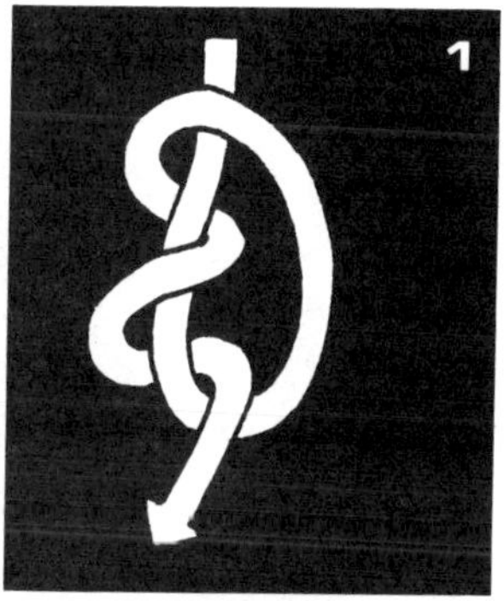

8の字結び

形が8の字に似ているので、この名があり、より大きなコブが作れます。**連続8の字結び**は**連続止め結び**より大きな結び目なので、避難用の太ロープなどにコブを作ると、より安全に昇降に利用できます。

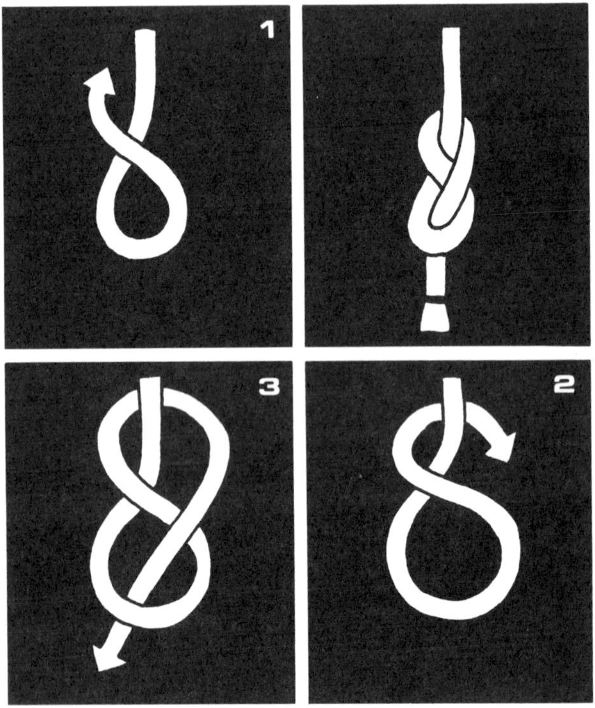

「なわ」のいろいろ

一口に「なわ」といっても、その形状によって「いと」「ひも」「細びき」「つな」などとも呼ばれ、日本語ではその区別は必ずしもはっきりしません。

しかし英語では、総括的にはロープと呼ばれますが、専門的には直径一六ミリ以下のものは**細索**（Small staff）と呼び、それ以上直径四八ミリまでのものを**ロープ**（Rope）、それ以上のものは**ホーサー**（Hawser）と呼んで区別されています。

材質は、昔からの麻・わら・綿、それに最近ではナイロン・ビニロンを素材としたものが多く出まわっています。最上品はマニラ麻製のもので、強さ・耐久性に勝れ、まさに〝ロープの王様〟といわれますが、最近ではナイロン製のものの品質向上がすすみ、実用の場ではその王座がとってかわられつつあります。

仲仕結び

太いロープでは相当に大きなコブが作れるので、仲仕が船の荷役用の滑車のストッパーに用いたとか、渡り板や甲板での握り手にするため利用したとかいわれ、この名があります。

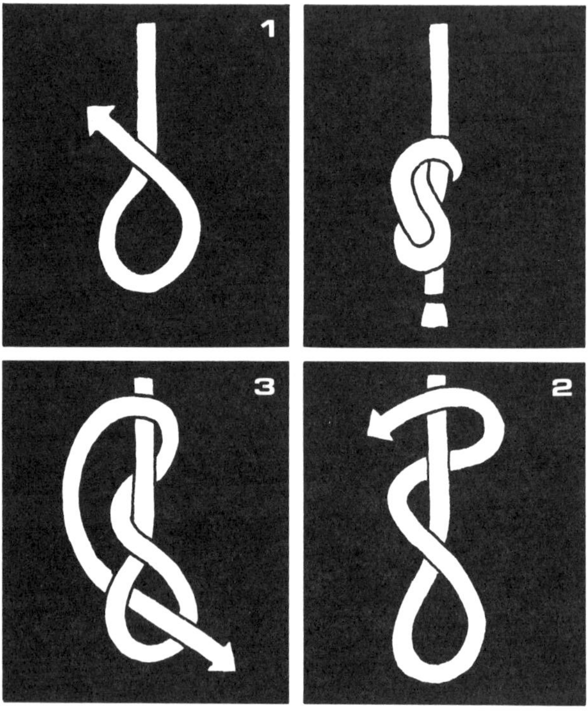

ロープ各部の名称

一本のロープにも各部の名称があり、一般には次のように言い表わされます。

●**元**（Standing Part）＝ロープの固定部、たとえば手で握っている場所です。

●**バイト**（Bight）＝普通にはロープの屈曲部分。ときにはロープの現に使用している部分全体を指すこともあります。

●**端**（Running End）＝ロープの使用している方の先端。

●**輪**（Loop）＝ロープの結びで作った輪をいいますが、固定したものは目(Eye)と呼ばれることもあります。

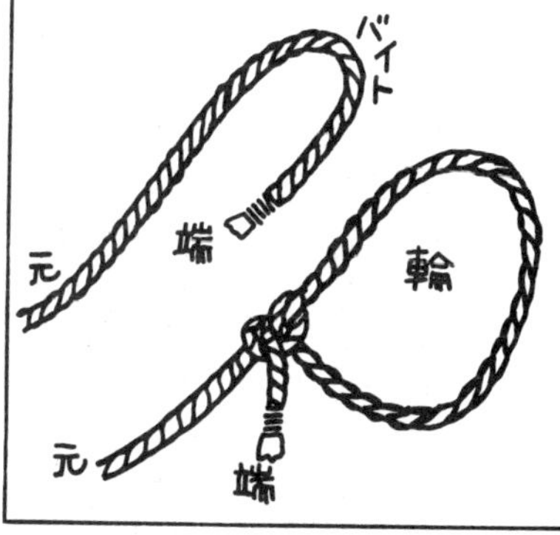

ダブル・フィギャー・オブ・エイト・ノット

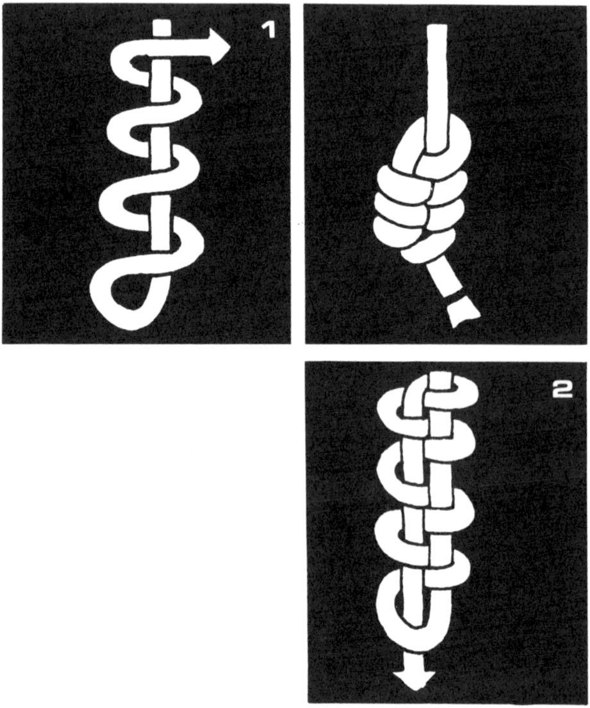

投げ結び

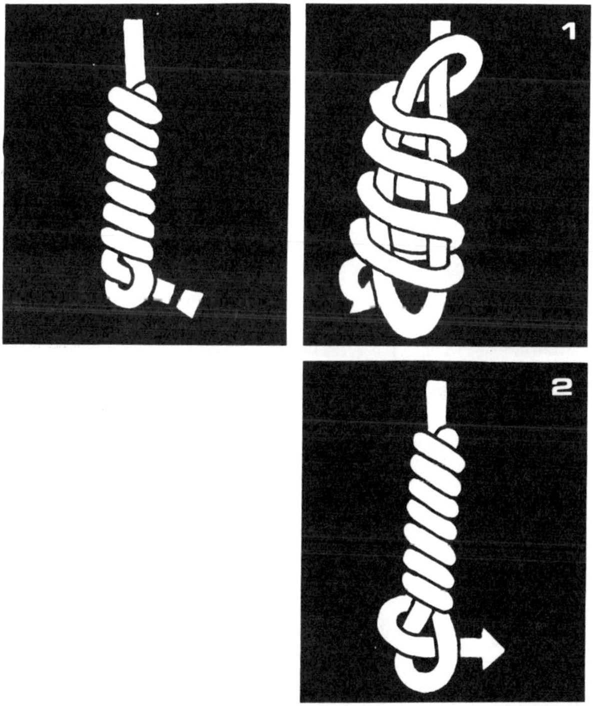

にぎりこぶし結び

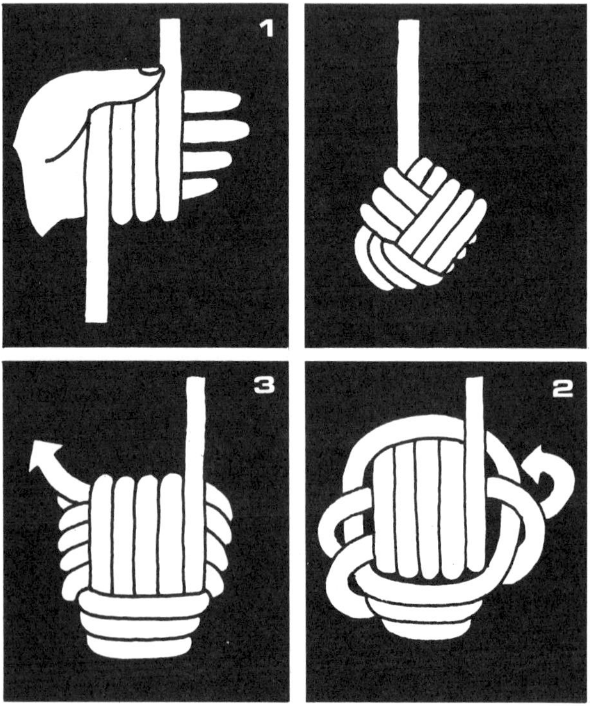

オイスターマンズ・ノット

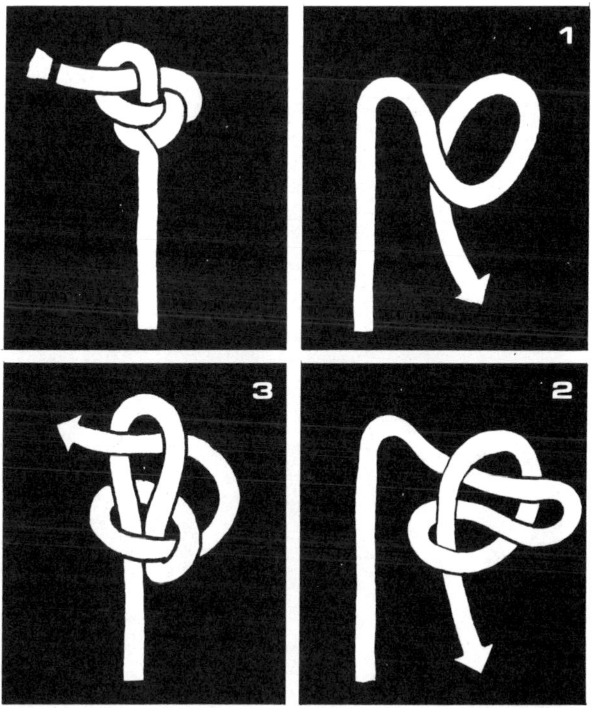

命綱結び

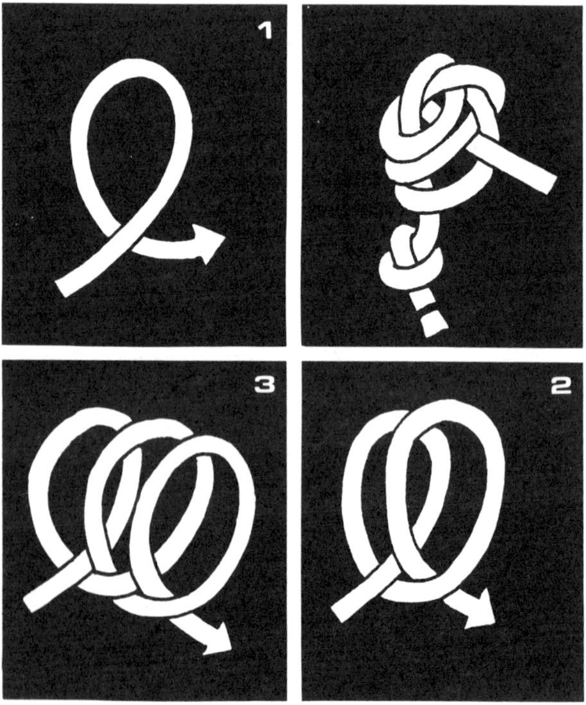

コブを作って
おかないと
手がすべってしまう

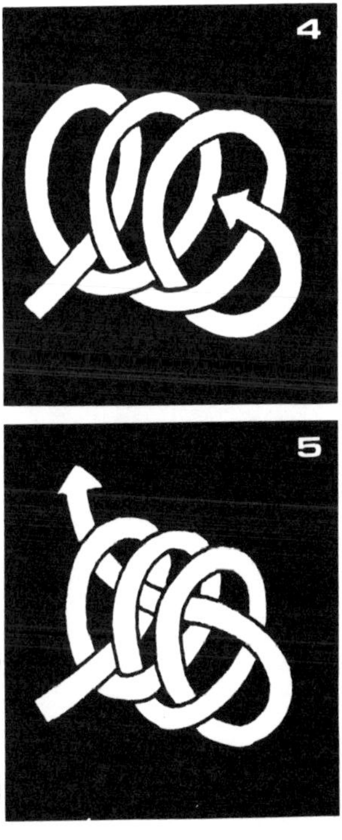
4
5

第2章◯輪をつくる

ひきとけ結び

ロープの元をひと巻きし、端に**止め結び**を作っただけの簡単なもの。輪の部分を何かにかけて引けば締まるのでワナとして利用できます。また引けば解けるので、結びの最後をこの方法にすれば回収に便利です。

★輪の大きさのかわるもの

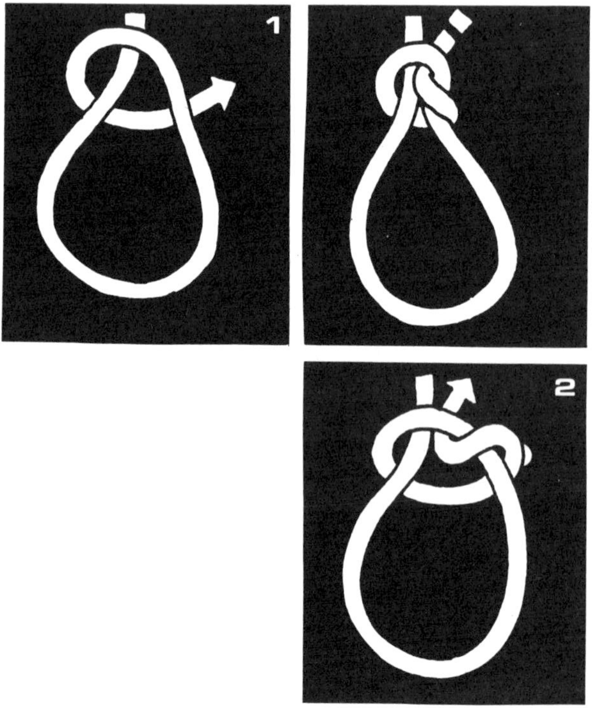

わな結び①

ロープの元をひと巻きし、端に**止め結び**のかわりに**8の字結び**を作ったもので、**ひきとけ結び**より、より確実なワナとして利用できます。

★輪の大きさのかわるもの

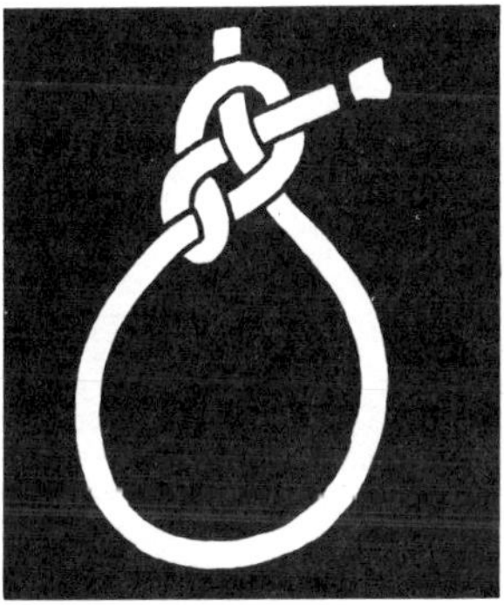

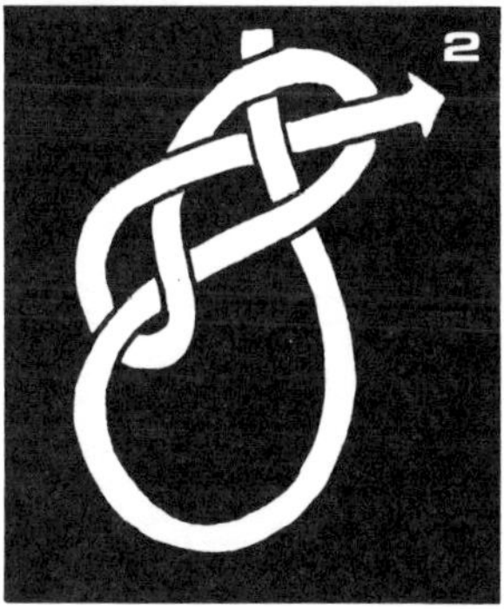

これもワナの一種ですが、**止め結び**や**8の字結び**のかわりに、**てこ結び**に近い結びで輪を作ったものです。

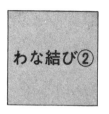

わな結び②

★輪の大きさのかわるもの

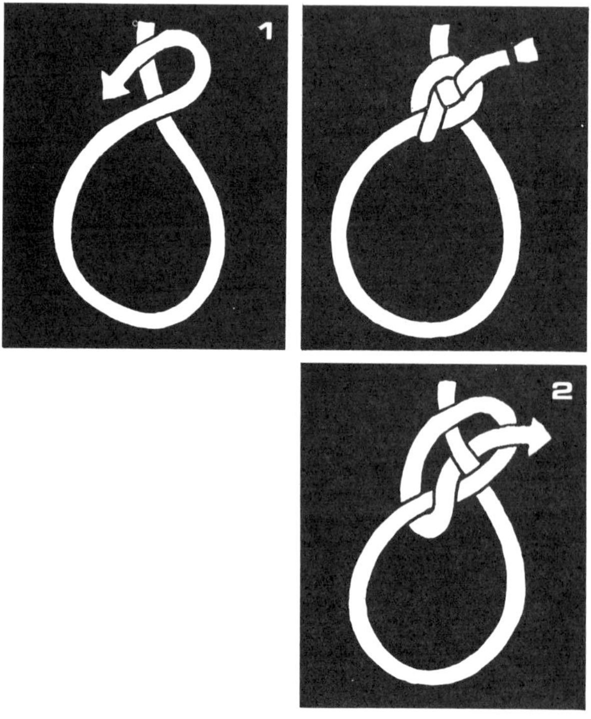

吊り結び

★輪の大きさのかわるもの

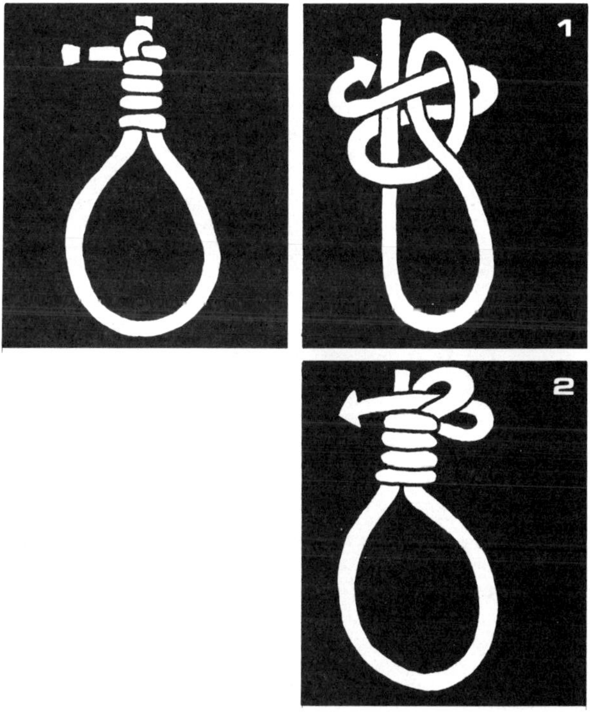

すべり結び

★輪の大きさのかわるもの

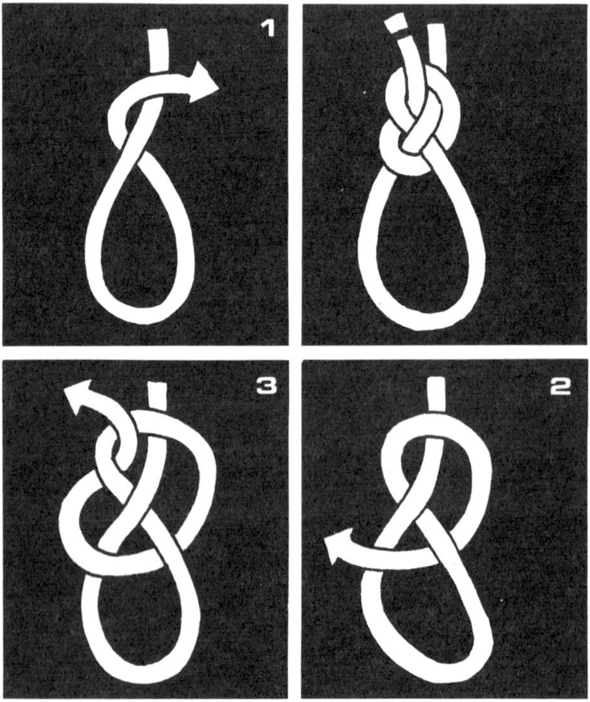

「結び」の名称

〝むすび〟の呼び方は、一般の俗世間で使われているものや海軍や船員が使っているものなどまちまちで、現在でも統一されたものはありません。ただ、日本で使われている名称は、大別するとほぼ次の四系統になります。

①**古名**＝昔から日本で使われていた名称。

②**海軍名**＝海軍が名付けた名称。

③**洋名**＝英国を中心とした外国の名称。

④**俗名**＝職場などで呼びならわされた名称。

古名としては、伊勢貞氏が『後結記』に記し、明治後期に木内菊次郎氏が『実用花結び』という書物で整理したものがまとまって残っています。海軍の名称は『海軍結索教範』に漢字とカタカナではっきり明記されていて最も整理されたもので、現在はボーイ・スカウトなどもこれを基本にして、多少理解しやすくしたものを用いています。

なげなわ結び

西部劇映画などでカーウボーイが使っているおなじみのもの。まず端に小さな輪を作り、それに元をくぐらせて大きな輪を作ってワナとして利用します。

★輪の大きさのかわるもの

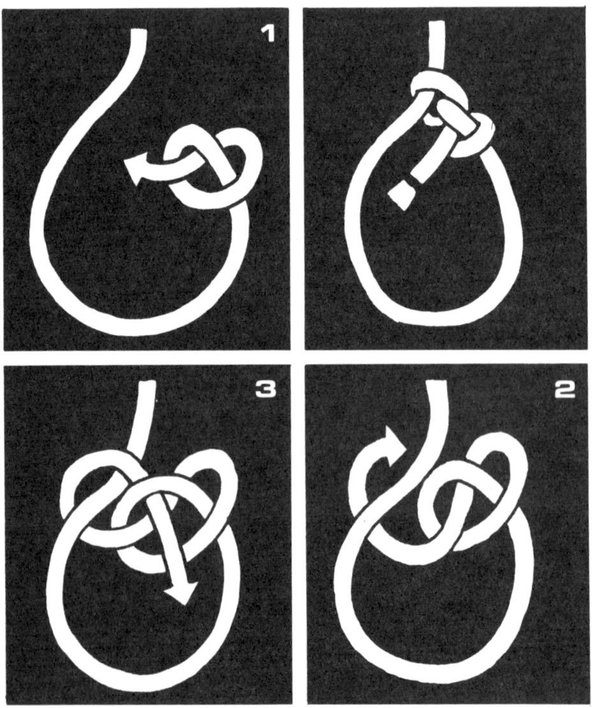

↑身近なもので
練習しておくとイザというときに役立ちます

ふたえとめ結び

ロープの端を二つ折りにして**止め結び**にしただけの簡単なもの。輪の大きさが変わらないので、何かにただひっかけるだけのときに利用します。

★輪の大きさのかわらないもの

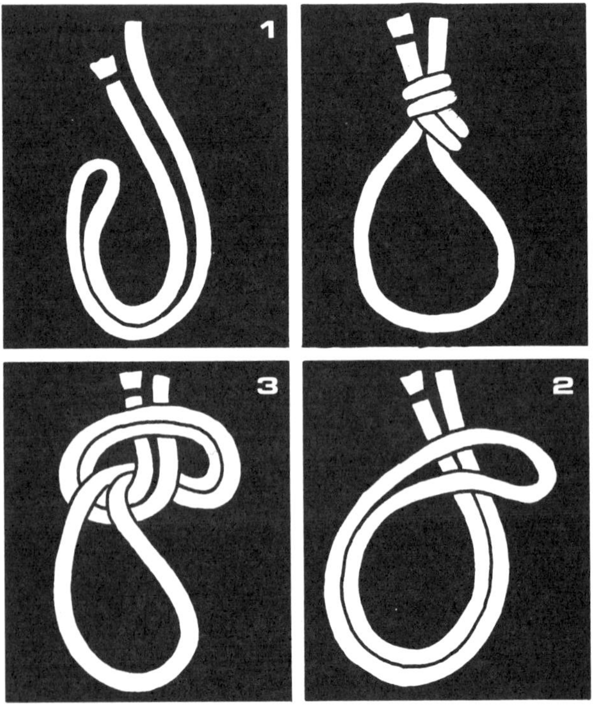

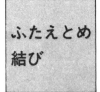

ふたえ8の字結び

二つに折ったロープを**8の字結び**にしただけの最も簡単なもの。しかし結び目の締りはよく、作った輪を確実に固定できます。

★輪の大きさのかわらないもの

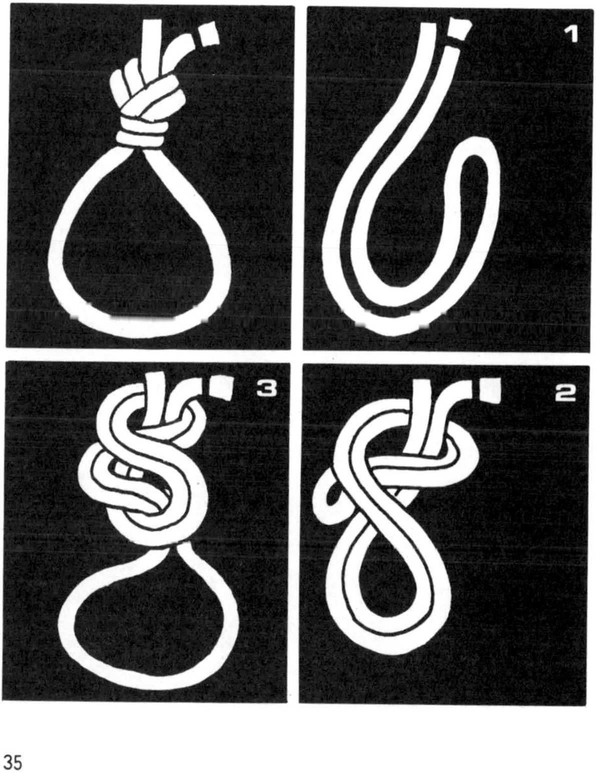

片ふたえ引き解け結び

★輪の大きさのかわらないもの

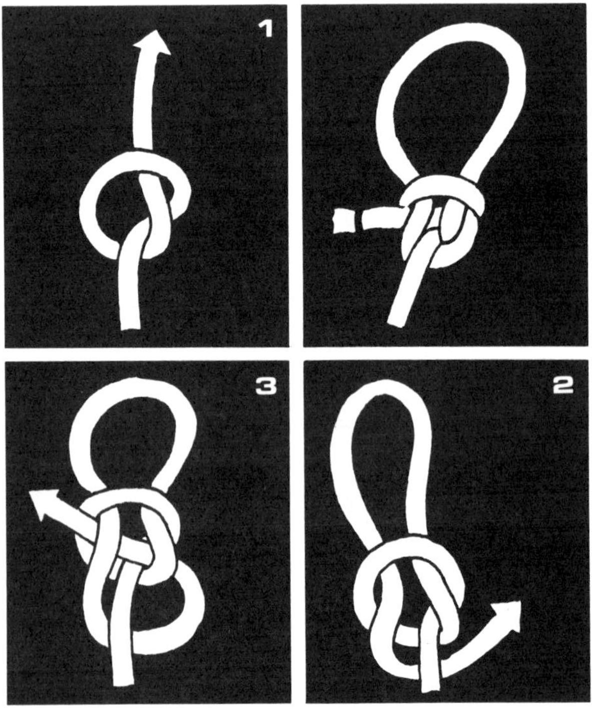

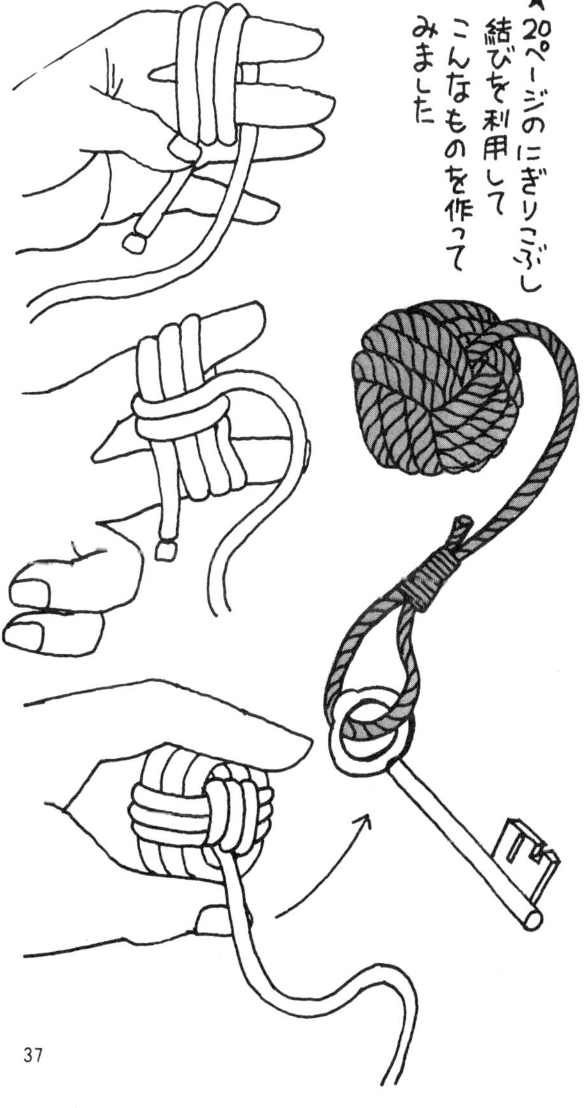
★20ページのにぎりこぶし結びを利用してこんなものを作ってみました

ジャグ・スリング

★輪の大きさのかわらないもの

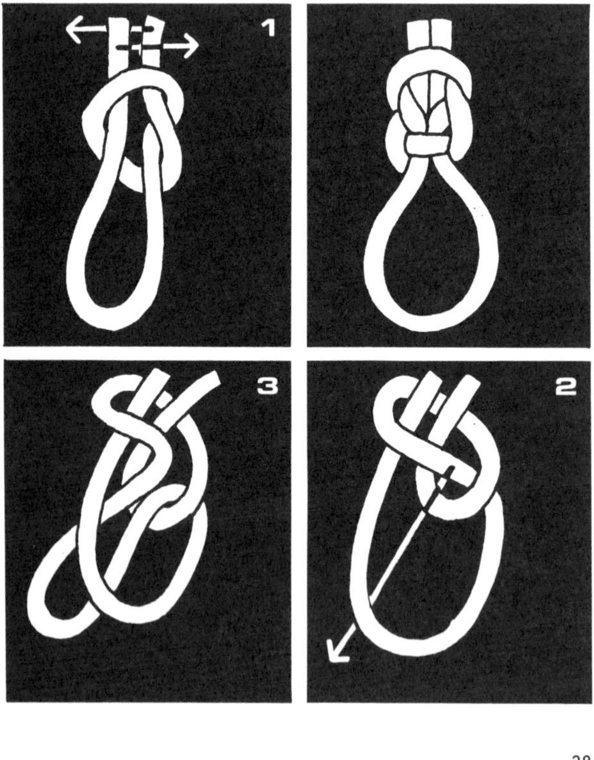

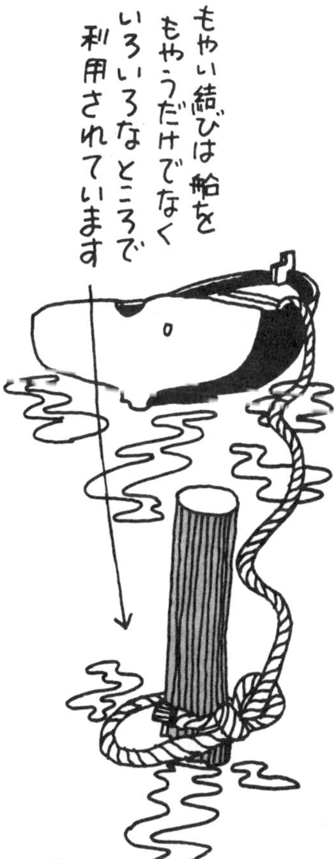
もやい結びは船を
もやうだけでなく
いろいろなところで
利用されています

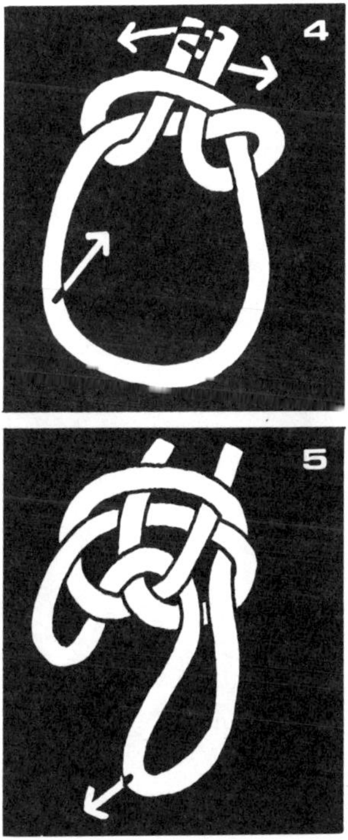
4
5

もやい結び

舳《へさき》のロープを杭《くい》などに結び、船をつなぎ止める（もやう）ために利用するので、この名があります。輪が締まってこないので、潮の満ち干きのある場所でも、この結びなら安心です。

★輪の大きさのかわらないもの

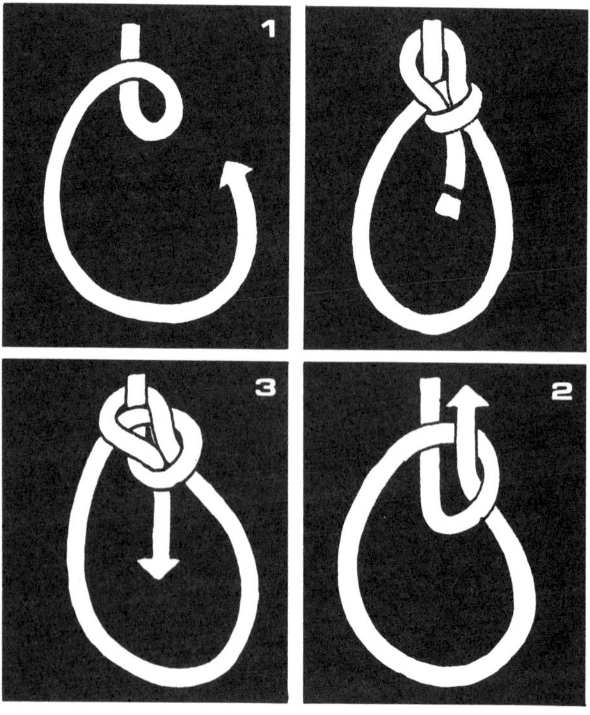

フィシャーマン

★輪の大きさのかわらないもの

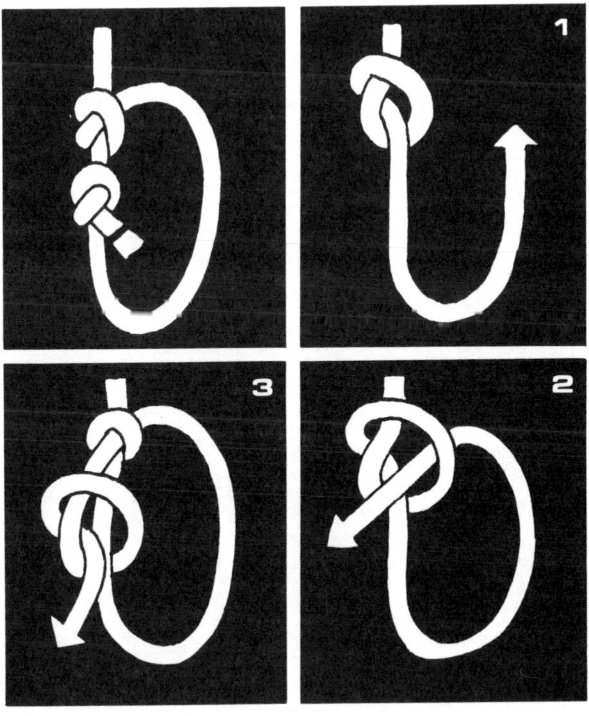

こしかけ結び

もやい結びの一重の輪を二重にしたものです。二重しただけ丈夫なので、怪我人や病人を高い所から吊り降ろしたり吊り上げたりしやすいし、また輪に腰をかけて崖の中途などで仕事をしたりすることもできます。

★ふたえの輪を作る

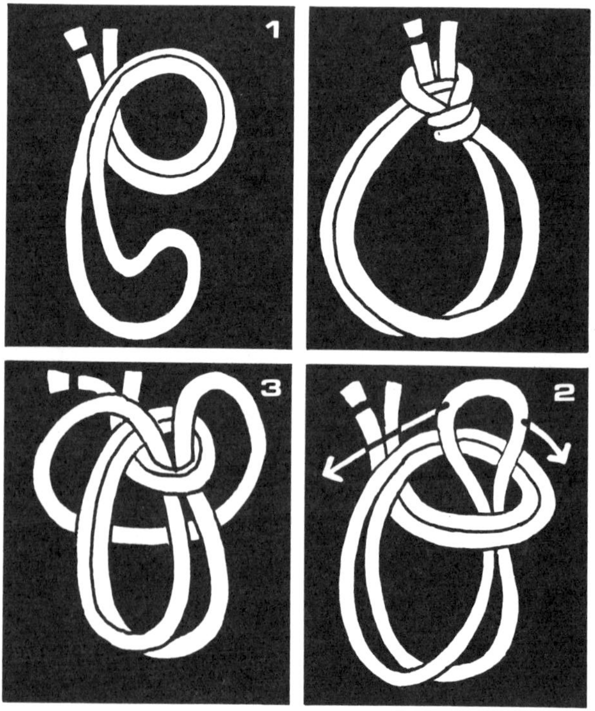

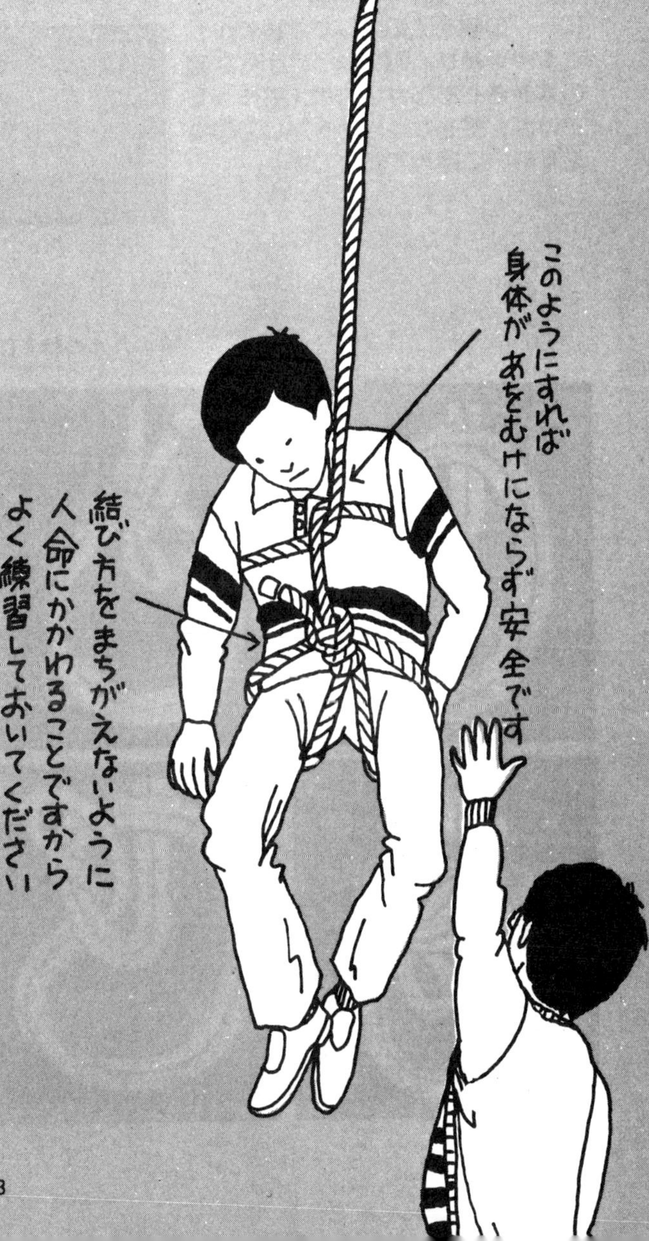
このようにすれば
身体があおむけにならず安全です
結び方をまちがえないように
人命にかかわることですから
よく練習しておいてください

ふたえもやい

ロープの端を二重にしたままで作った**もやい結び**。図のように小さな輪の大きさもあらかじめ考えて作っておけば、腰をかけ片手を通して作業をするのに便利で安全です。

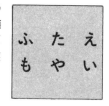

★ふたえの輪を作る

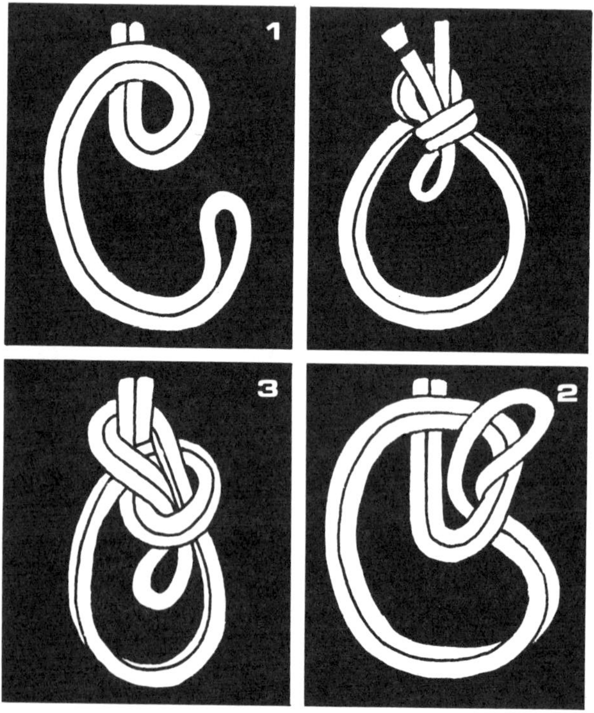

フランスもやい

別名**ポルトガルもやい**ともいいます。簡単な結びですが、ただこれは結びを強く締めておかないと滑り抜けて、一方が大きく一方が小さくなりすぎる危険があるので注意を要します。

★ふたえの輪を作る

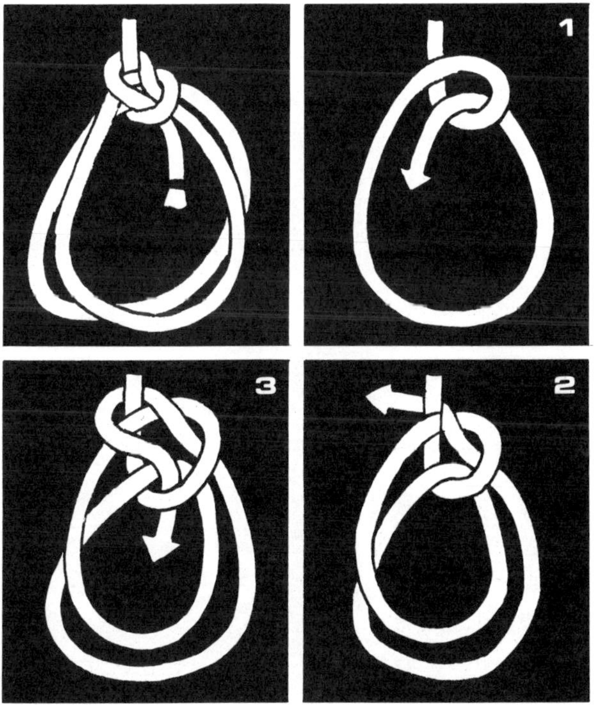

スペイン もやい

名前は“もやい„とつくが、これは**もやい結び**とは別な系統。結び順でわかるように、実は**ちぢめ結び**と同じものです。腰かけにもなるし、両方の脚を入れて作業をするのにも使われます。

★ふたえの輪を作る

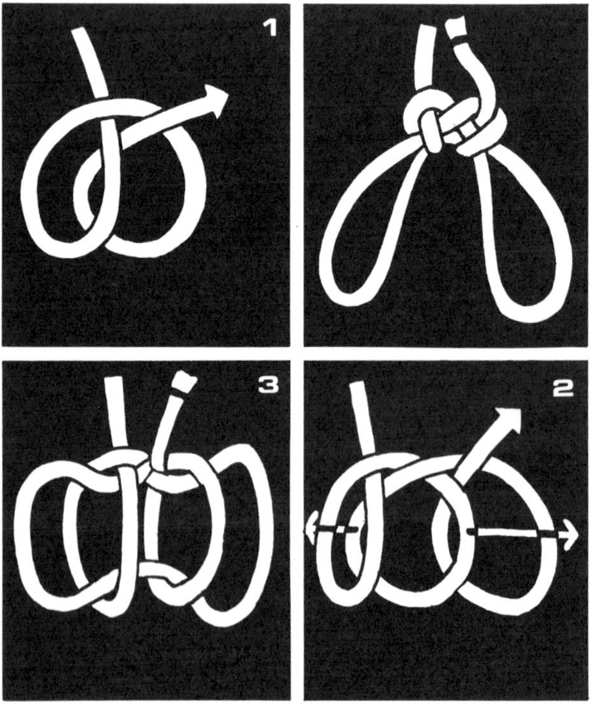

手をはなすと
さかさまになってしまうので
注意すること
あまったロープの
末端を もう一回
とめておけば
安全度が 増す

消防結び

これも非常に簡単な**こしかけ結び**の一種。かつて消防士が高いビルの火災の際などに、人々を救出避難させるために利用したので、この名があります。

★ふたえの輪を作る

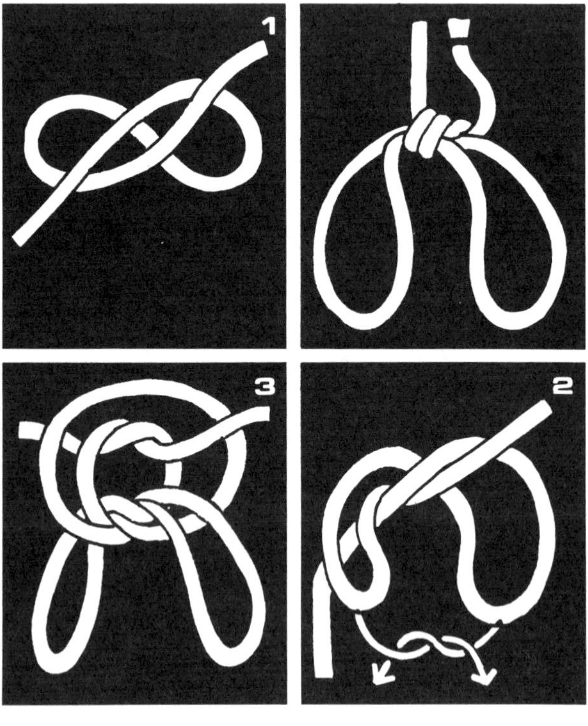

こしかけ結びの注意

こしかけ結びは、万一の場合に人の生命にかかわることに使われるので、安全確実に、しかもす早く結べなければ役に立ちません。そのためには次の三つの注意が必要です。

①輪が小さすぎれば体が入らないし、大きすぎれば抜け落ちるので、日頃からいろいろと試してみて、必要な大きさの輪を作るための折り返しの長さを覚えておくことです。

②輪の大きさが定まって結びができあがったら、その結びを力いっぱい締めること。

③結び残りを二五センチほどとり、**もやい結び**なら元の方にひと結びしておきます。端が結びの方に滑り抜けるのを防ぐために、マニラロープならただ**止め結び**を作っておくだけで十分ですが、ナイロン・ロープなどならよく締めたひと結びをすることが絶対に必要なことです。

バタフライノット

Lineman's riderという別名があるように、架線工が柱の上で使ったものです。また昔から、登山の際にパーティの中間の人がザイルをこのように使っています。輪のゆがみがすくなく解きやすいからです。

★中間に輪を作る

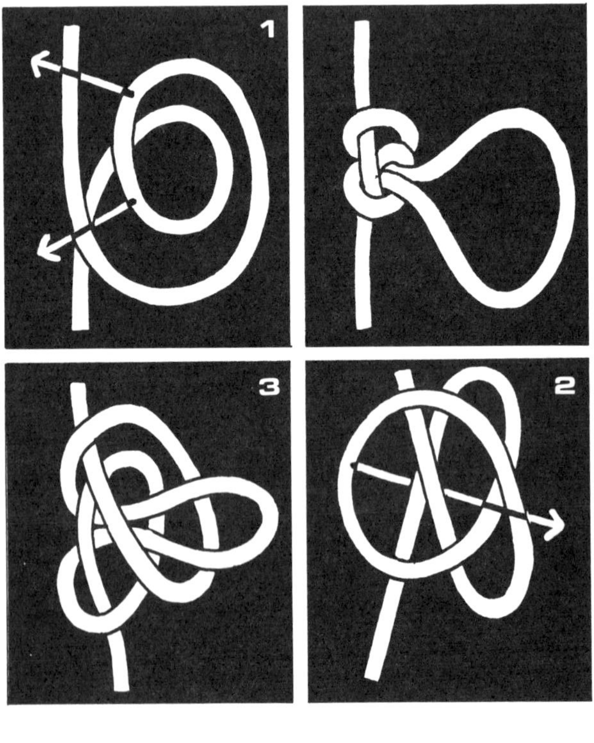

ひと結びが命を救った話

末端に簡単な結び目を作ることが、いかに役立つかという話。

もう何十年も前のことです。米加国境を流れるセントローレンス河でボートが転覆して何人かが流されたことがありました。もちろん、ただちに河岸や橋の上から救出用のロープが何本も投げられ、幾人かはうまくそれにつかまることができたのですが、強い水の勢いにはかなわず結局ロープは手の間から抜け落ちてしまう。その場所から約五〇〇㍍ほど下流は有名なナイヤガラの滝で、こうして大部分の人は滝にのまれて死んでしまったのです。

ただ、中で一人だけ最後までロープを離さずに助かった人がいました。そのロープは、ちょうど通りかかったボーイスカウトが自分の腰から抜いて、先端に小さい**止め結び**を作って投げたロープだったそうです。

イングリッシュマンズループ

一見**バタフライ・ノット**と非常によく似ていますが、結び順でわかるように、これは**てぐす結び**と同じように二つの**ひと結び**を組み合わせて一方の結びで固めたものです。

★中間に輪を作る

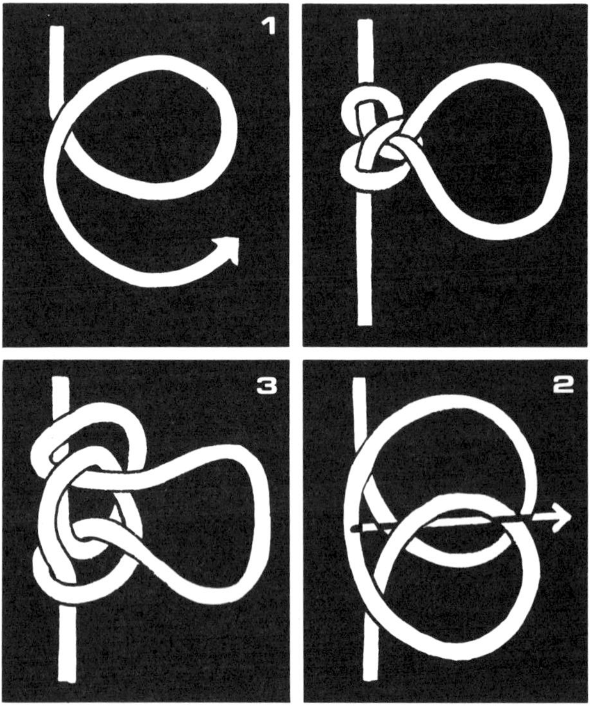

もやい結び
イングリッシュマンズループ
★転落したときに輪がしまるような
ことがあるとキケンです
結び方を良く練習しておくこと

よろい結び

何人かが一本のロープを引くときに、中間に肩を入れるための輪を作るための結び。その昔、船や重い車などを人力で引いたときに用いられました。また兵隊が大砲を引くときにも用いたので**砲兵結び**とも呼ばれます。

★中間に輪を作る

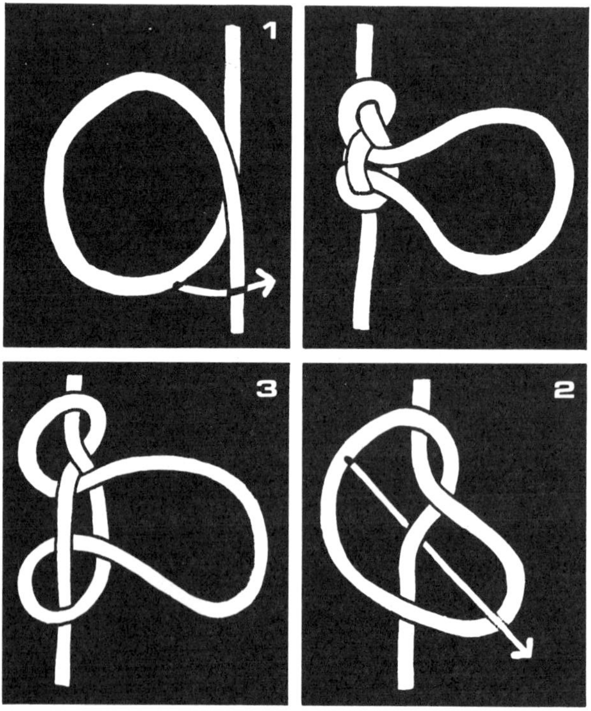

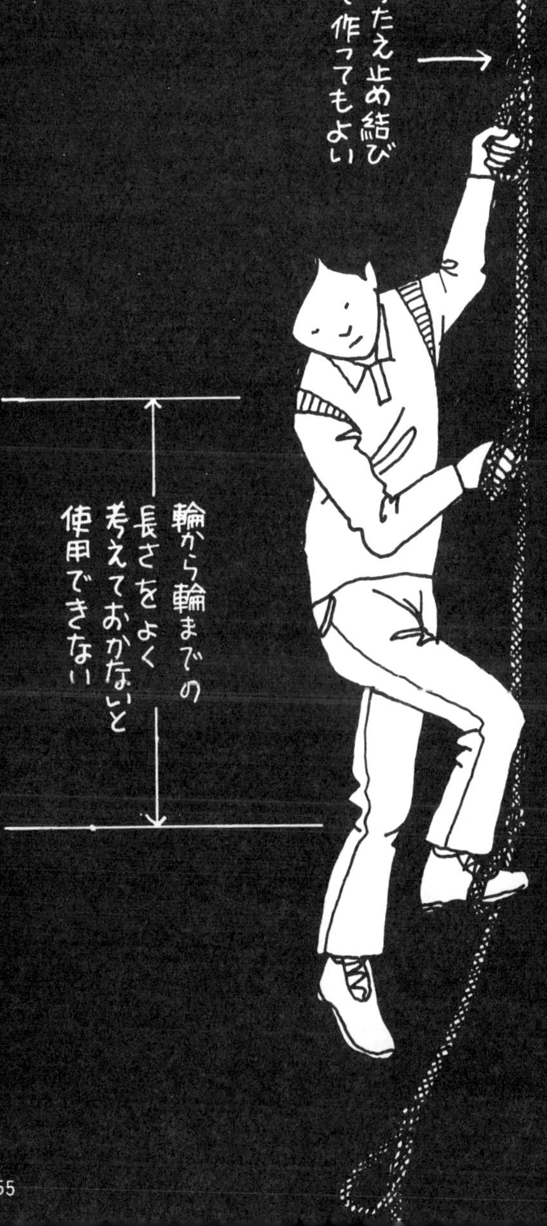
ふたえ止め結びで作ってもよい
輪から輪までの長さをよく考えておかないと使用できない

瓶つり結び

この結びは、その名が示すように古代ギリシャ時代から主として瓶つりに用いられていたもの。どんな形の重い瓶でもつるせる精巧な結びなので、輪の部分を中間ループとして使っても安全です。

★中間に輪を作る

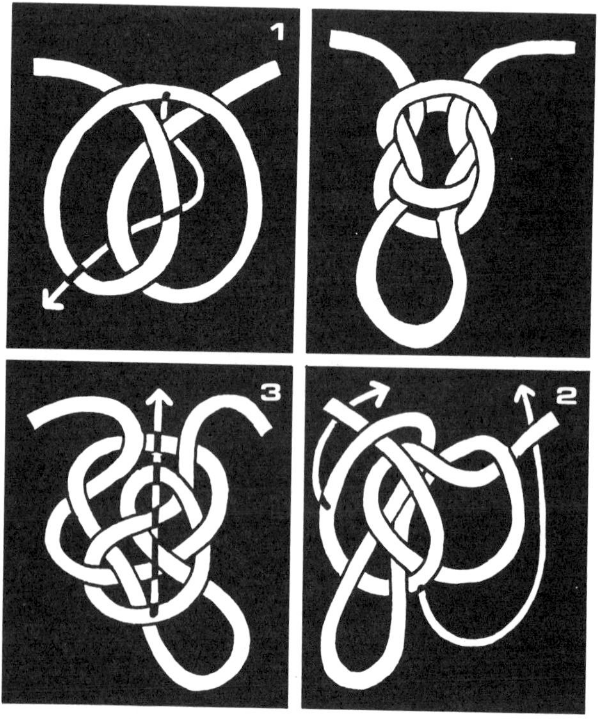

4

ブラッド・ドロッパー・ループ

★中間に輪を作る

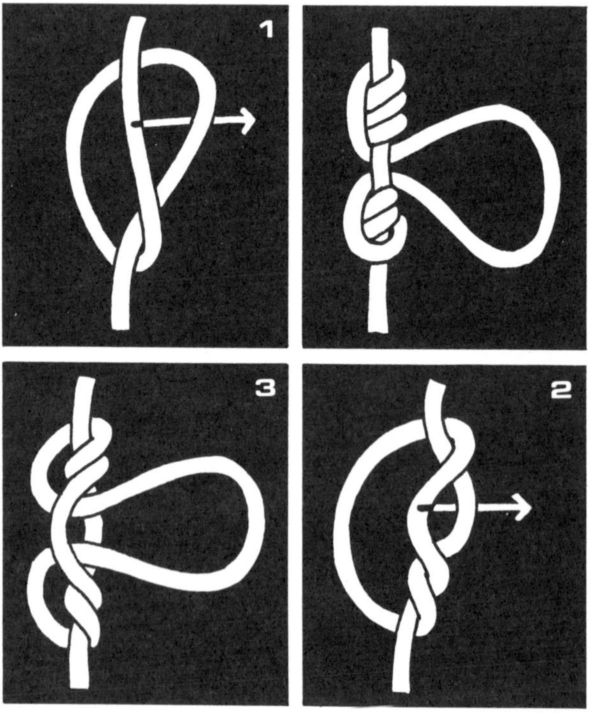

英語の「結び」の呼び方

結びの名称は、日本語では普通に「なになに結び」というのが一般的ですが、英語ではその用途によって呼び方も次のように分かれます。

①**ノット**（Knot）＝結びの総括的呼び方。

②**ベンド**（Bend）＝二本のロープを継ないだ場合の呼び方。

③**ヒッチ**（Hitch）＝ロープを他のものに結びつけた場合の呼称。

④**ラッシング**（Lashing）＝ロープで他のものを縛ること。

そのため同じ結びでも、使い方で呼び方も違い、例えば**ひと結び**（Half Hitch）はロープを他のものに結びつけたときの名ですが、何にも結びつけない場合は、**止め結び**（Overhand knot）と呼ばれることになるわけです。

第3章○継なぎ合わせる

ほん結び

俗にいう**こま結び**。その形から**スクウェア・ノット**とも呼ばれます。二本のロープの最も単純なつなぎ合せ法ですが、太いロープや太さの違うロープのつなぎには適しません。

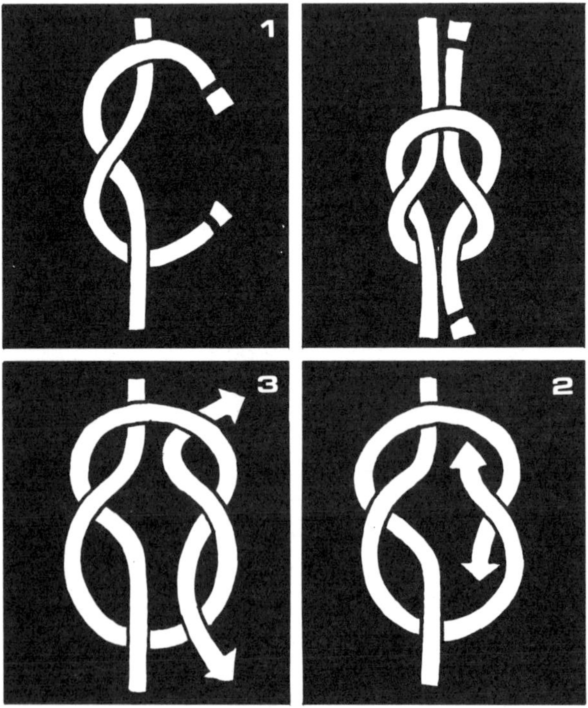

A′
★ぬれてかたくなったときには
A A′を強く引け
ばほどきや
すい
A

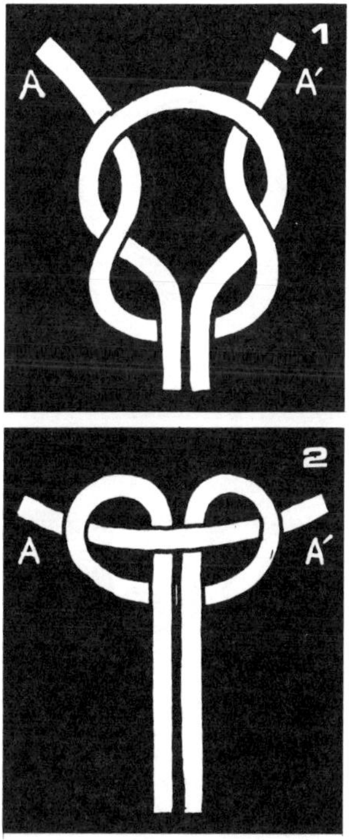
1
A
A′
2
A
A′

たて結び

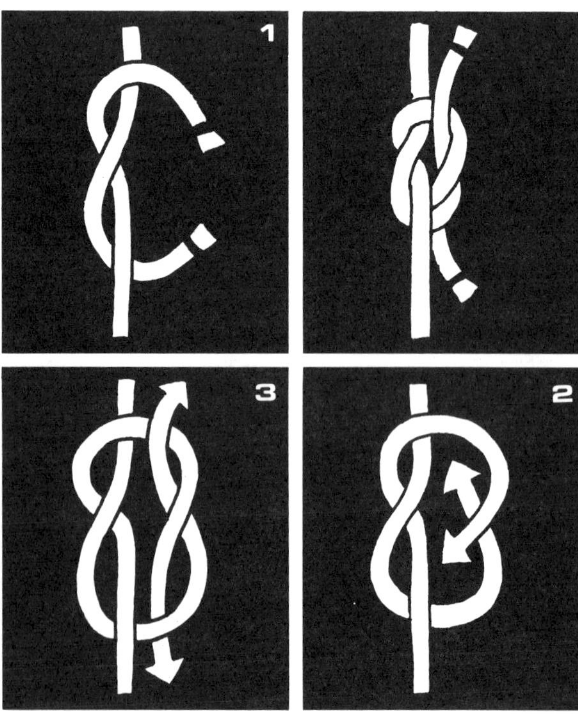

片はな結び

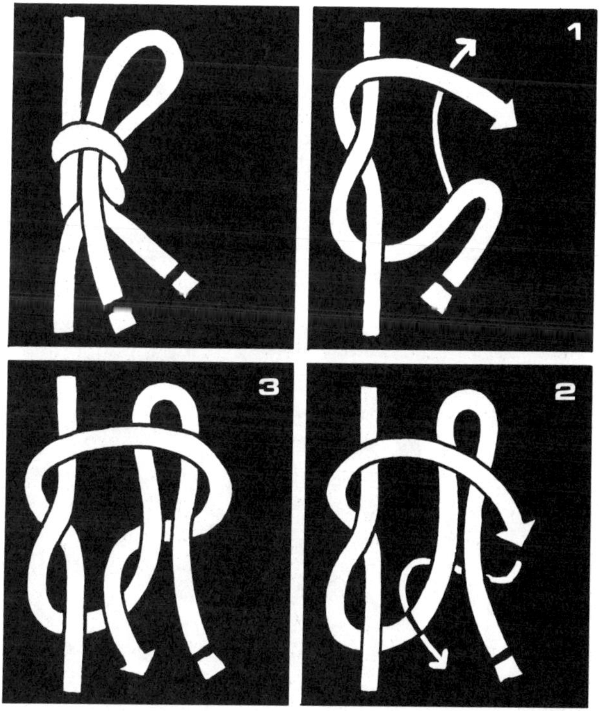

はな結び

ほん結びの変形で、俗に**蝶結び**ともいわれ、日常生活の上で靴のヒモ、蝶ネクタイなどいろいろなものに利用されています。結んだ形が美しく、いつでもひと引きで簡単に解けるのが特徴です。

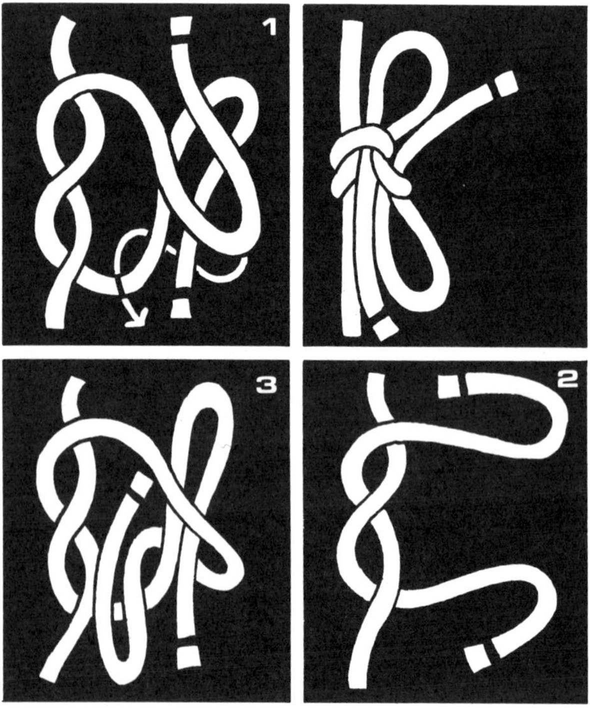

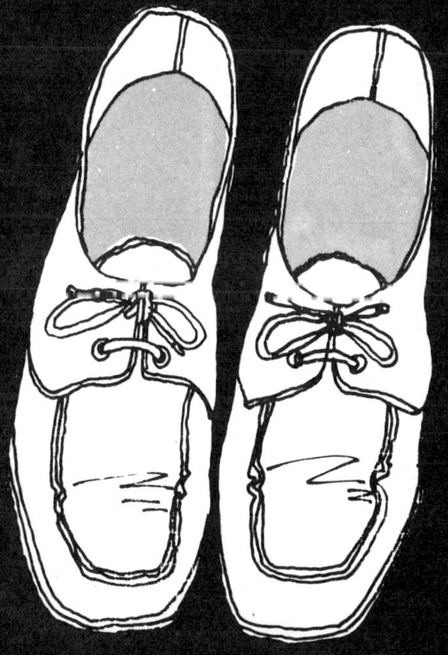

外科結び

医者が手術の際に、縫い合わせ糸をこの方法で結んだといわれます。**ほん結び**の最初のからみを二度にしたものですが、寝袋などの軟らかいものを締めながら結ぶのに便利です。

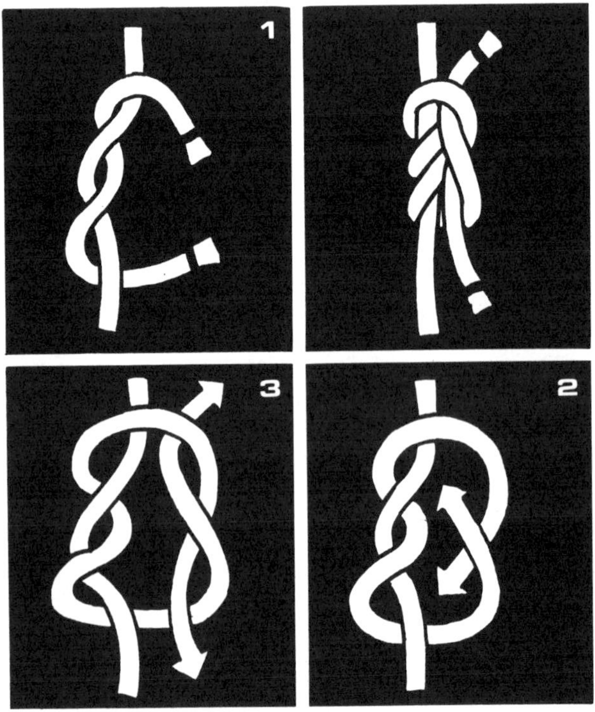

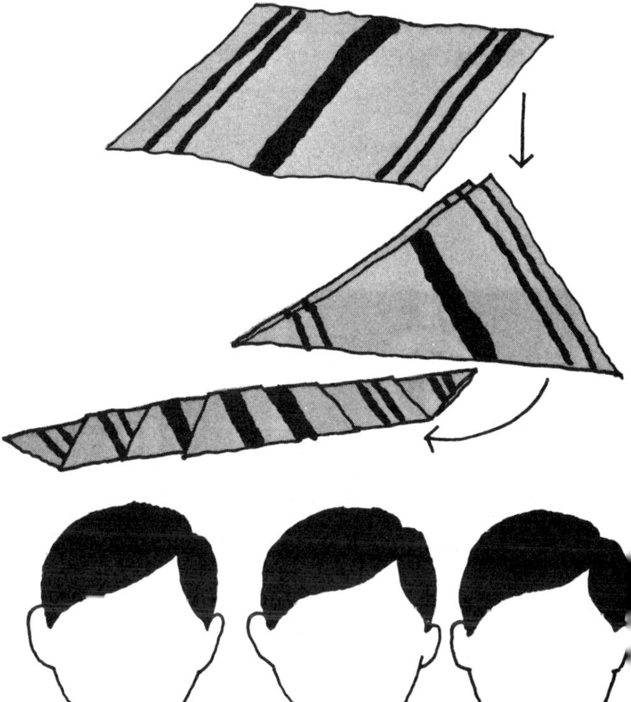

(1)　(2)　(3)

★いろいろな結び方をためしてみよう

てぐす結び

魚釣りのてぐす糸のように、滑り抜けやすい細いロープのつなぎ合わせに使われます。子供たちは、その形から**電車結び**などともいっています。

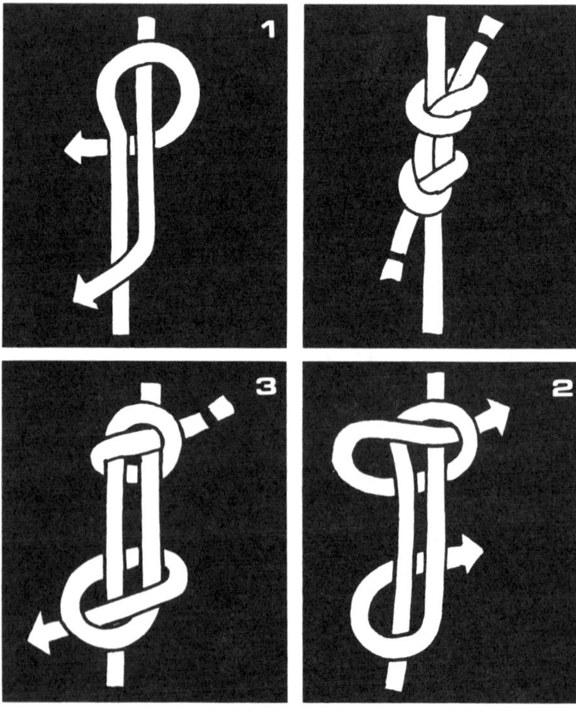

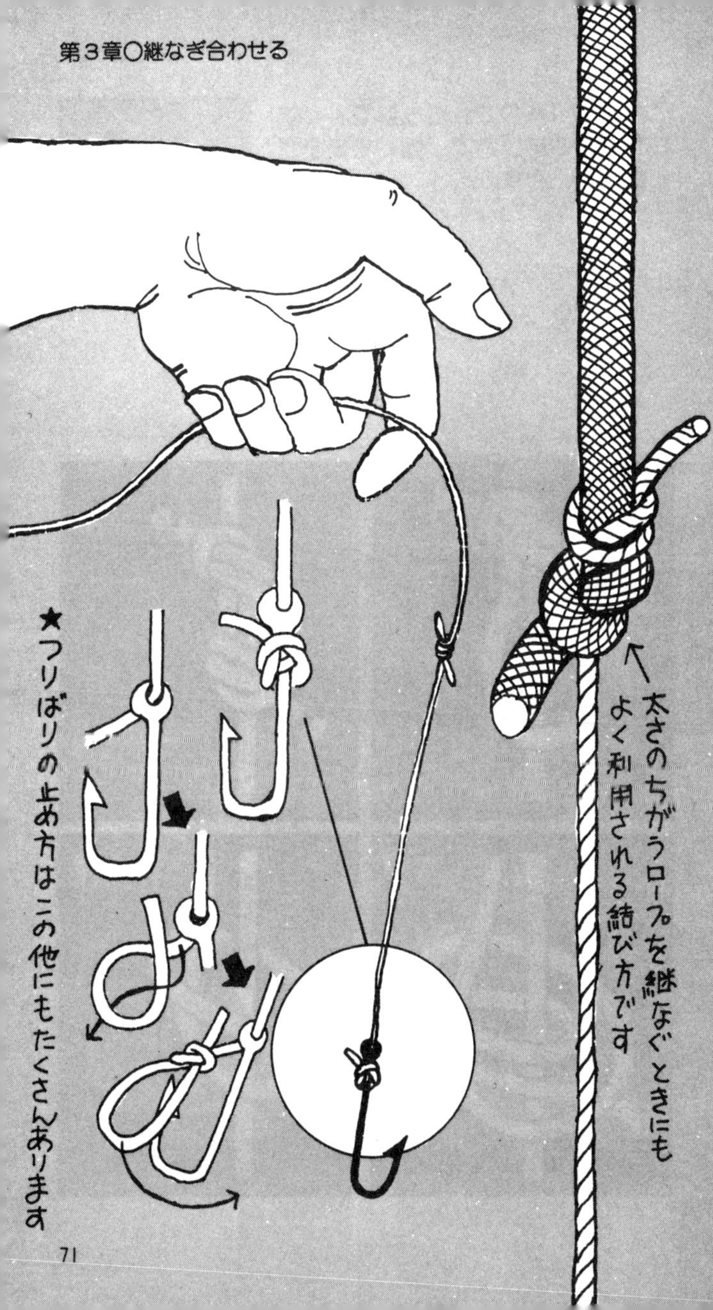
太さのちがうロープを継なぐときにも
よく利用される結び方です
★つりばりの止め方はこの他にもたくさんあります

ふたえてぐす結び

これも釣り糸のつなぎとしてよく使われている結び方で、強くて安全だとされています。

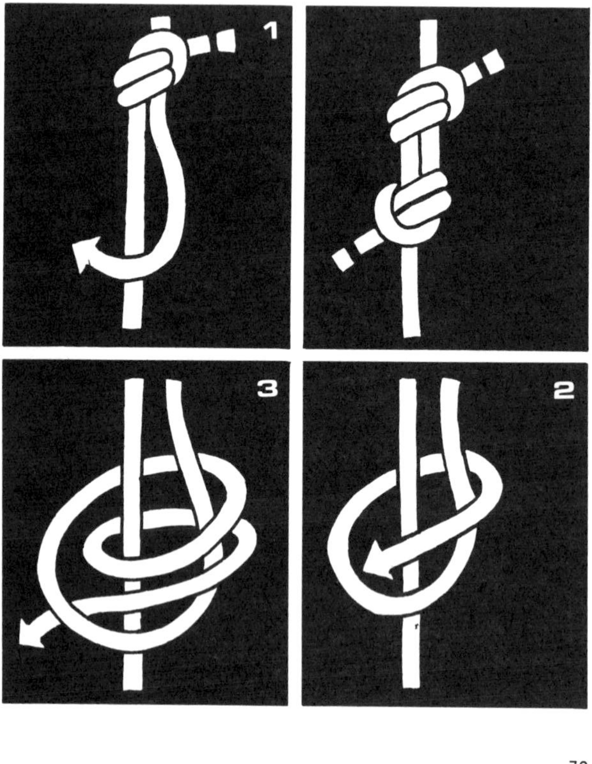

ロープの撚りと編み

　私たちが日常使っているロープは、その作り方の面から見ると大別して、①撚ったものと、②編んだものの二種になります。

　最も一般に使われる「三本右撚り」は、まず㋑麻の繊維を右撚りにして細いストランド（こより）を作り、さらに㋺その教本を左撚りにし、次に㋩その三本を右撚りにしたものです。

　合成繊維の場合は、繊維を直接左撚りのストランドにし、その三本を右撚りにします。合成繊維の細い撚りロープは、耐久力もあり便利なものですが、濡れるとほつれやすいのが欠点です。

　木綿の場合は、個々の繊維が弱いので、安心できる撚りロープはありません。したがって実用的には、打ち込みの十分に利いた編みロープ（例えば金剛打ちなど）がよく利用されています。

ひとえつぎ

帆の下桁に帆づなを結ぶときの結びなのでこの名があります。図のように、下桁の太づなの端がループになっているかどうかで結び方がすこし異なります。

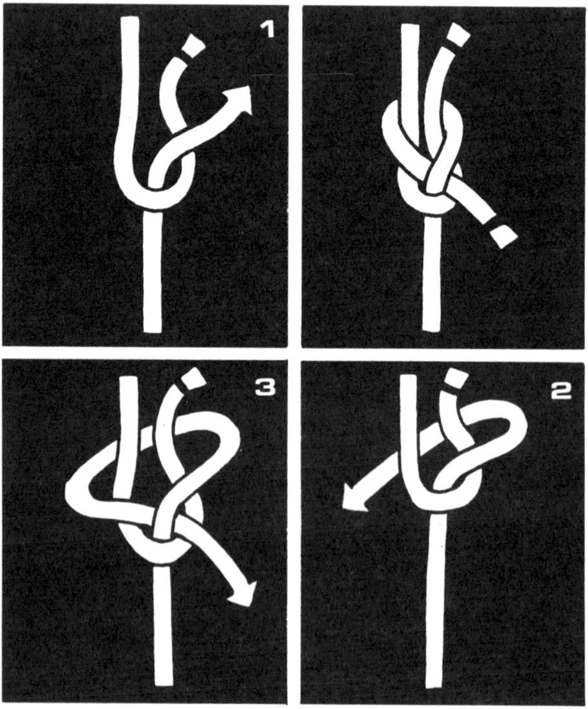

★ヒモを使った手品はたくさんありますが
これはその中のひとつです

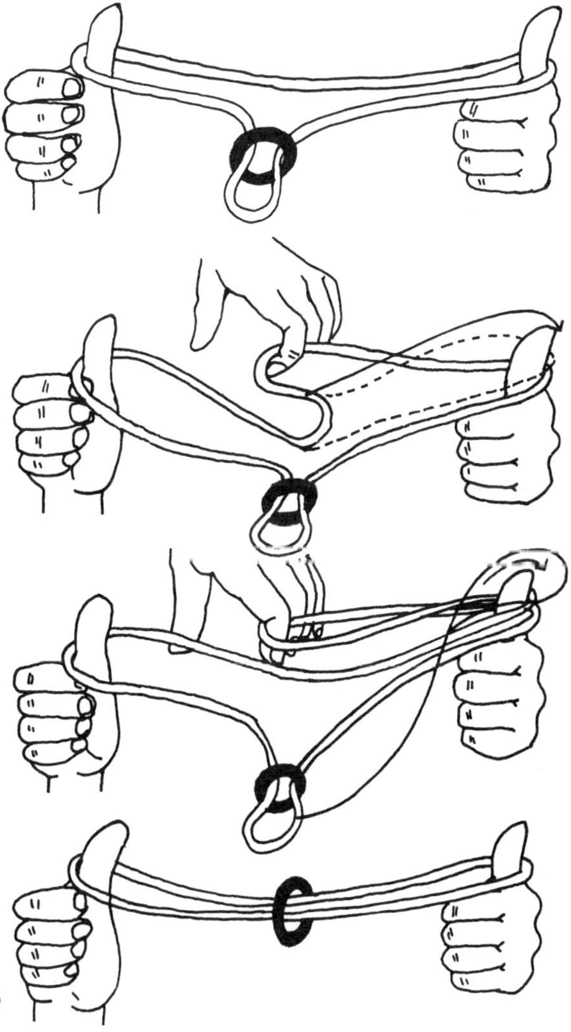

ふたえつぎ

太さの非常にちがう二本のロープや、滑りやすいロープの継ぎ合わせに利用されます。図は先端がループになっているロープへの継ぎ合わせ例です。

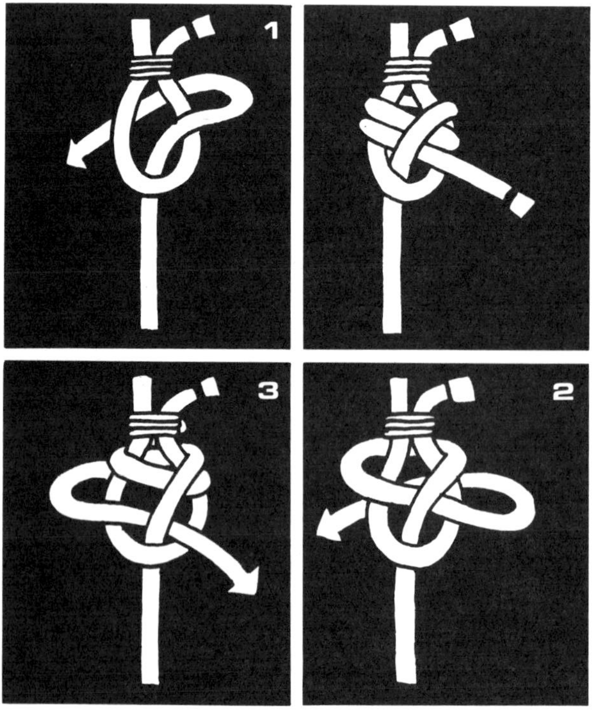

バインダー・ターン

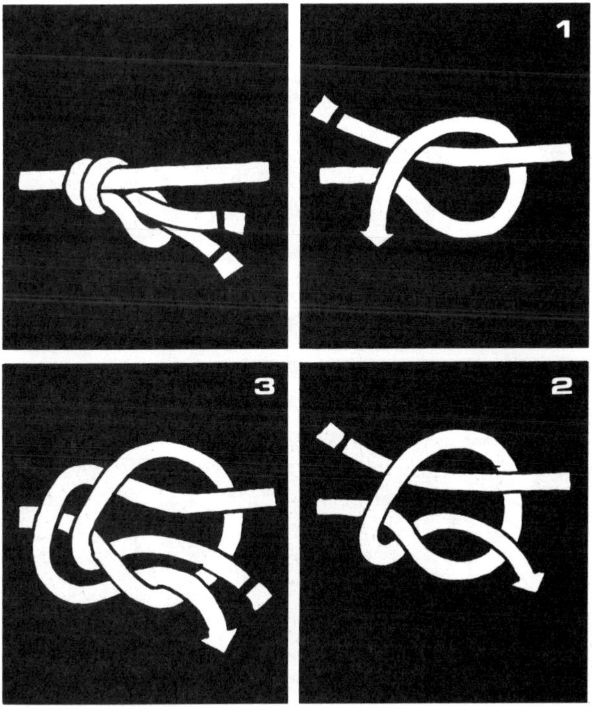

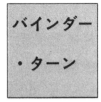

片ふたえ引き解け

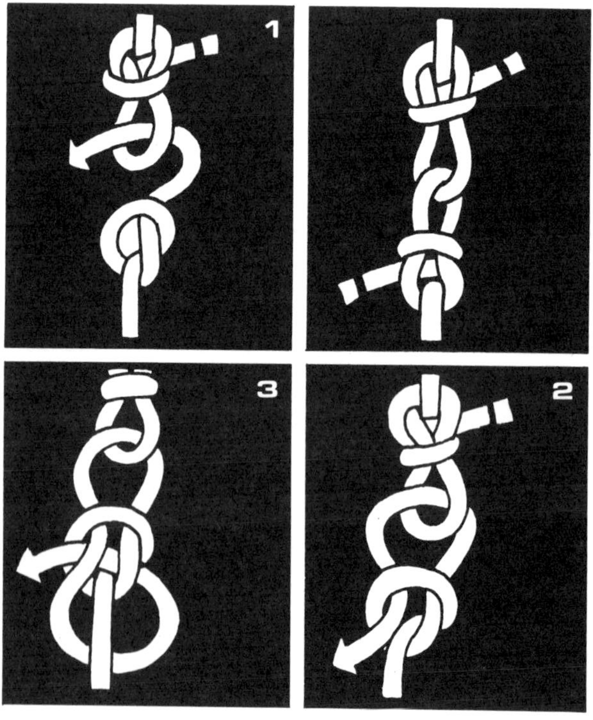

ストラップ・ノット

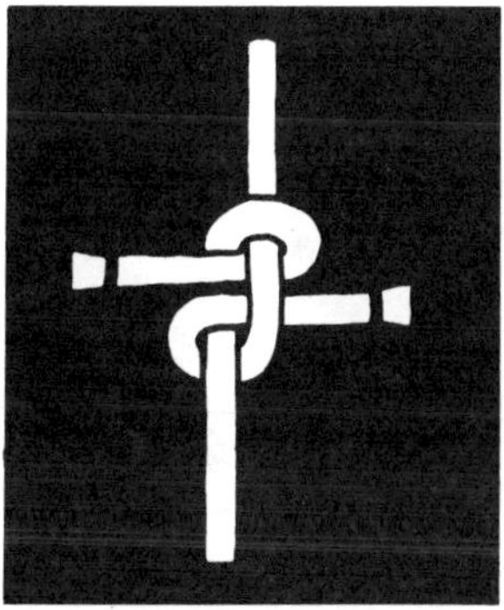

ブラット ノット

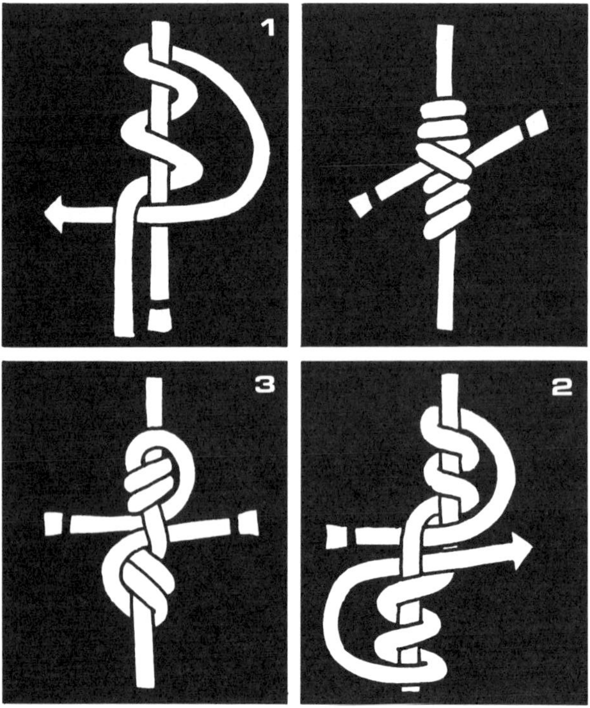

合成繊維の結び方

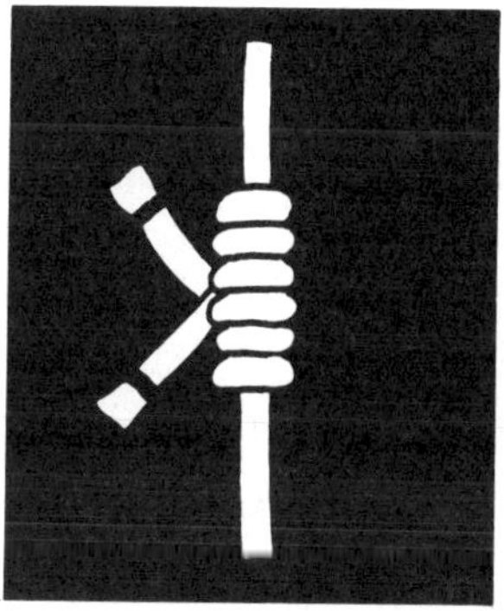

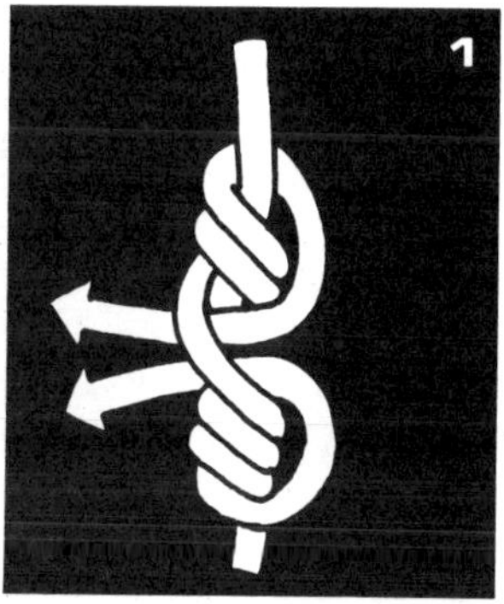

思い結び

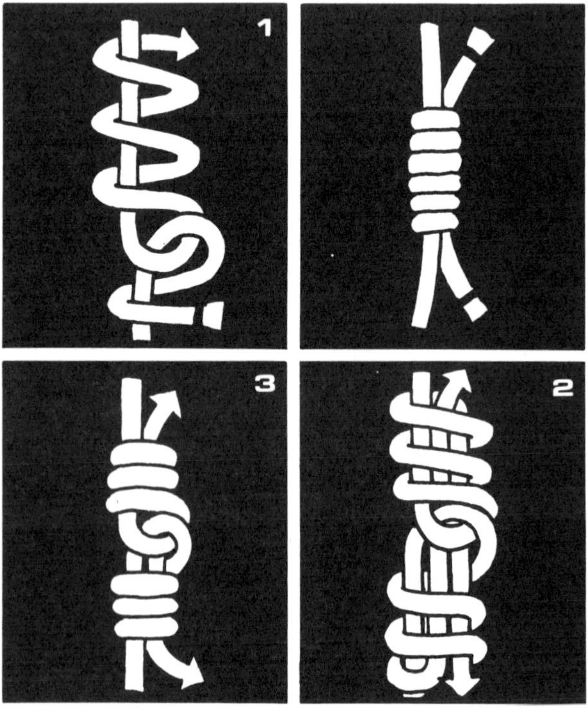

巻結び
（ひとえ）

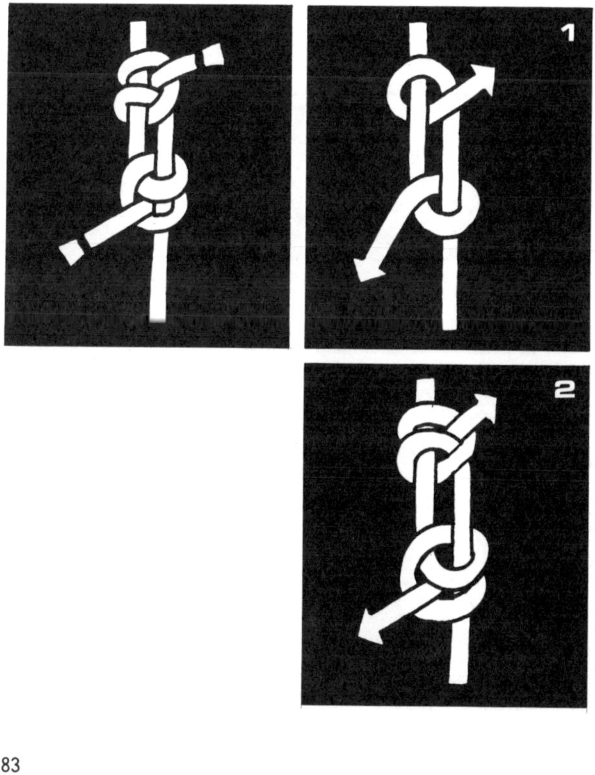

巻結び
（ふたえ）

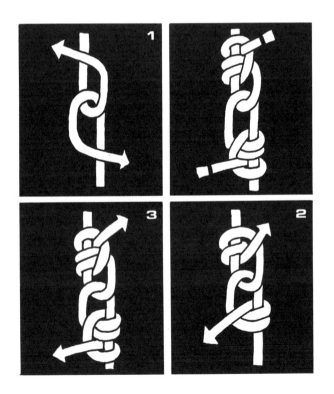

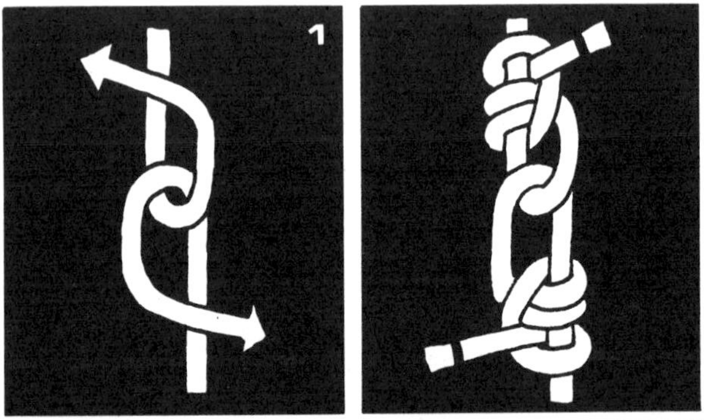

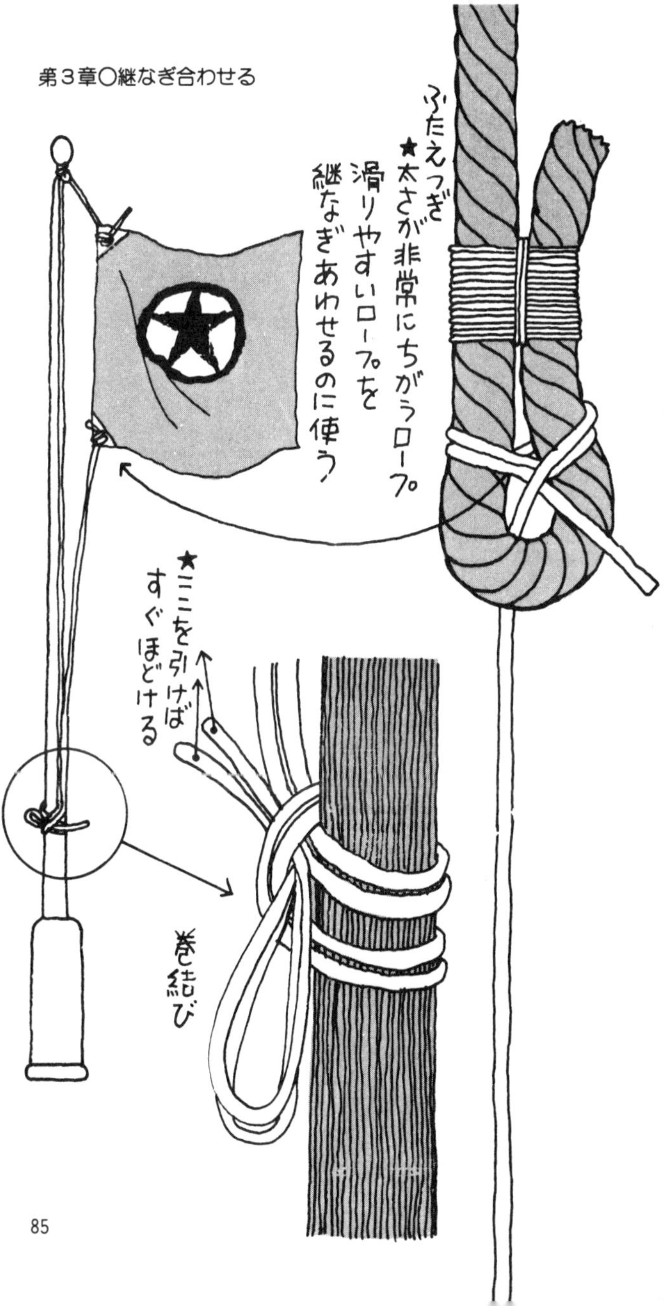
ふたえつぎ
★太さが非常にちがうロープ
滑りやすいロープを
継なぎあわせるのに使う
★ここを引けば
すぐほどける
巻結び

第4章○他のものに結ぶ

ひと結び

なにかにひと巻きして、**とめ結び**を作っただけの簡単な結び。これだけではほとんど実用性はないが、いろいろな結びの基本となるし補強にもなります。西欧では**ハーフ・ノット**とか**シングル・ノット**と呼ばれます。

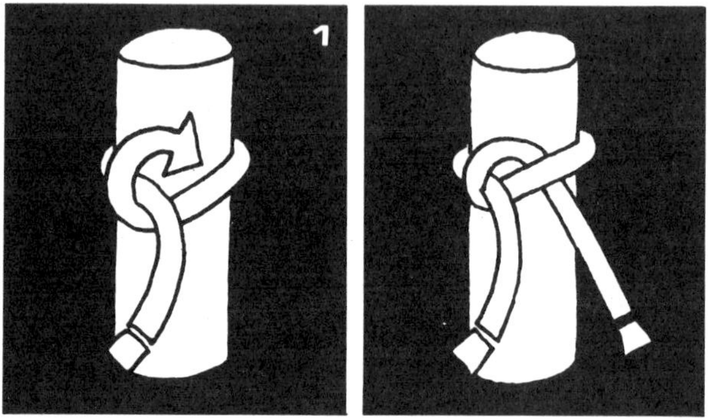

ふた結び

これは、ロープの元の方へ、もうひとつ同じ方向の**ひと結び**をしたものです。元の方向へ引く力が加わっている限りゆるむことはなく、小舟を仮りにつないでおく程度のときに利用できます。

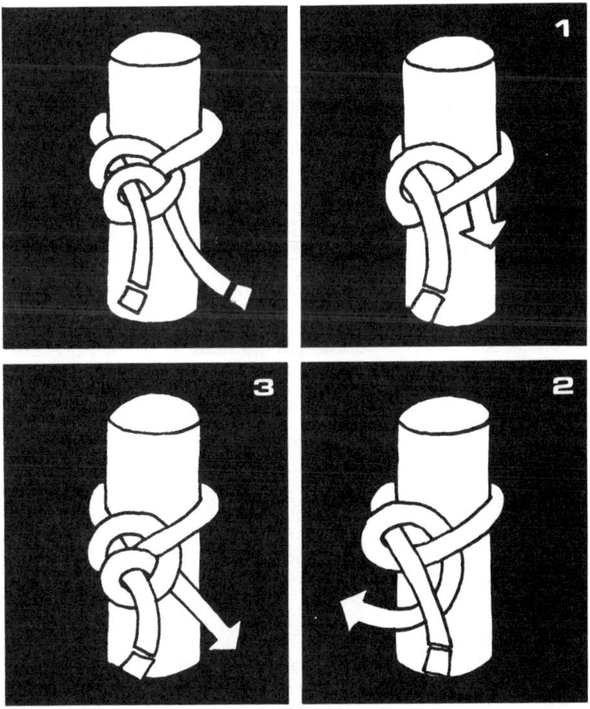

ねじり結び

ひと結びの端を屈曲の方へもどして一、二回ねじりつけたもの。これも簡単な結びですが、元の方へ力が加わっている限りゆるみません。主に立木にロープを張るときに使われるので**立木結び**とも呼ばれます。

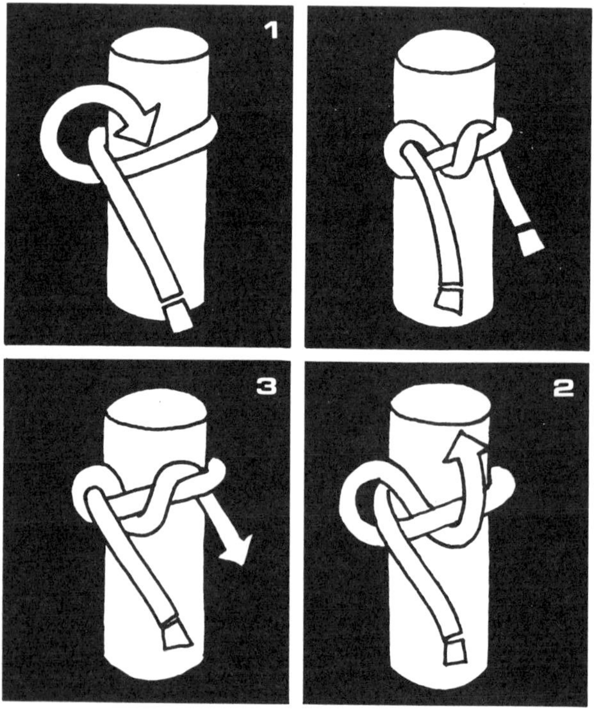

★釣針の結び方

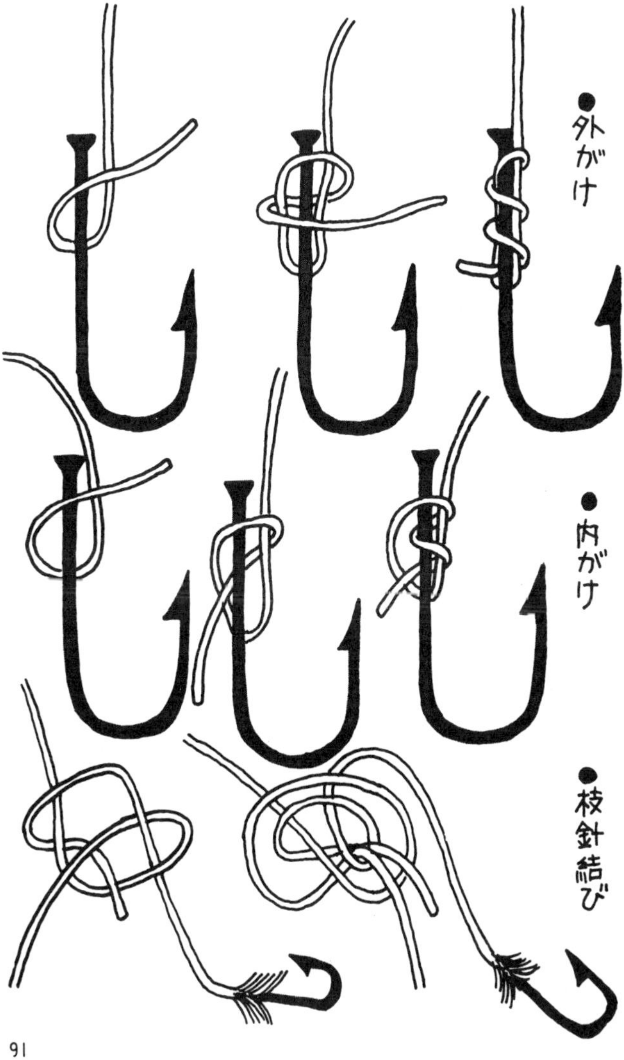

丸太結び

その名のとおり丸太をつりあげたり雪や氷の上を引くときに用います。**ねじり結び**でその丸太にロープを結び付け、別の**ひと結び**を引く方向に加えたものです。

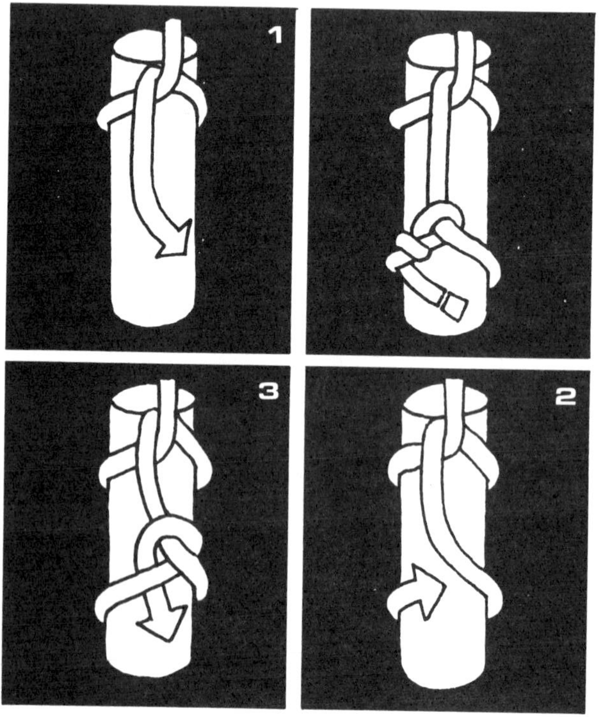

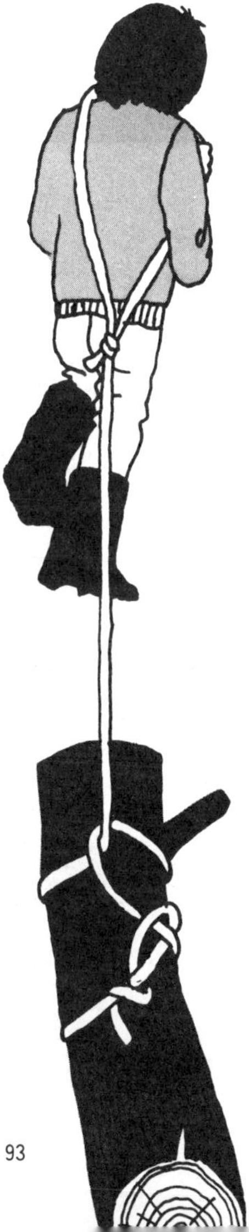

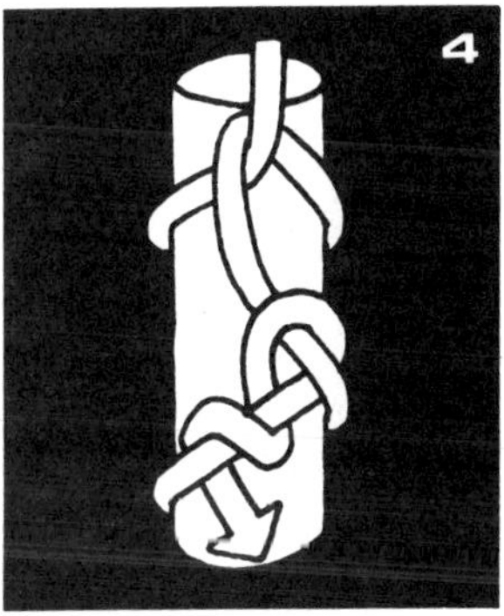
4

まき結び

丸太などに、**ふた結び**の同じ方向へ二回まわしを直接結んだものが、この**まき結び**です。左右に力のかかる場合に一番使われ、小さい瓶などを吊るのに便利なので**インキ結び**という名もあります。

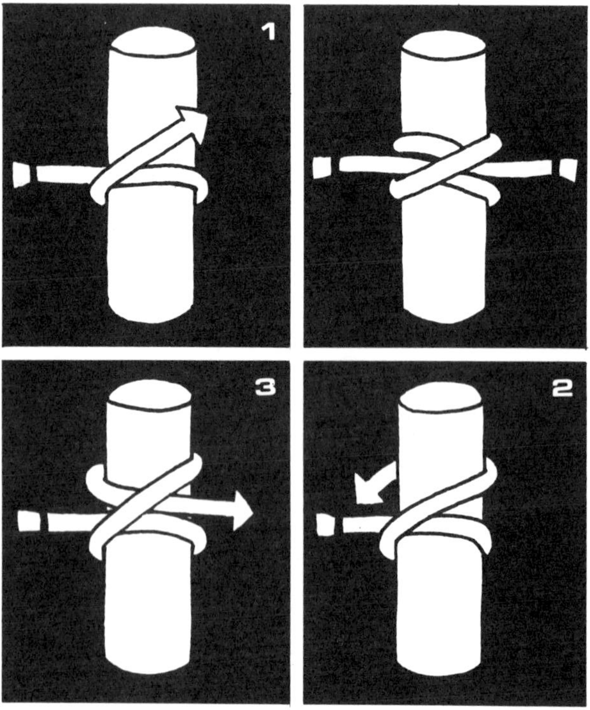

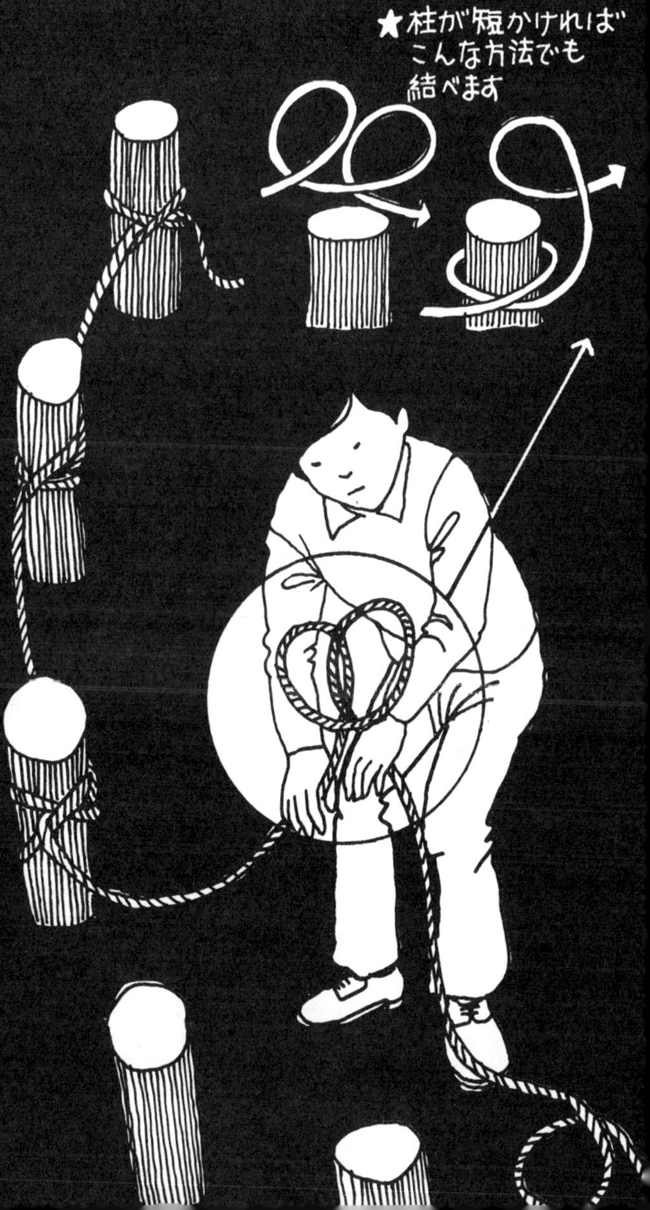
★柱が短かければ
こんな方法でも
結べます

ふたえまき結び

まき結びをもっと強めたもの。表面のなめらかな丸太や他の太綱に細いロープを結ぶときに用います。例えば、ロープ止めのないポールに旗あげロープを結ぶときや、立木に重いものを吊るときなどに役立ちます。

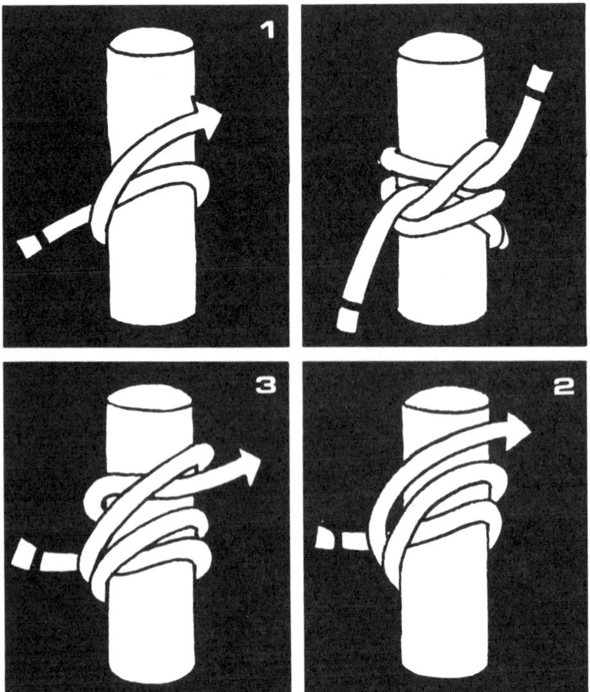

トートラインヒッチ

一般に**張りづな結び**といわれているもので、テントの張りづなの力のかかる元の方に**ひと結び**をしてから、次に**ふたえまき結び**を作ったものです。縮めやゆるめが自在にできて便利です。

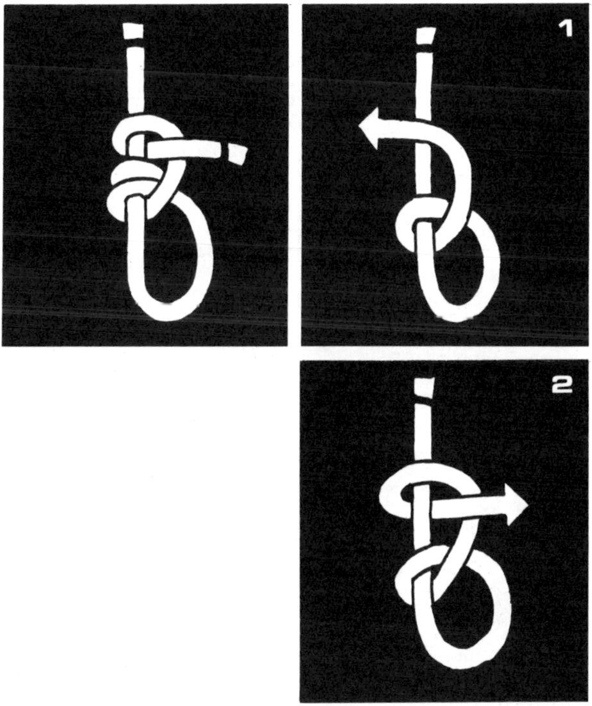

てこ結び

力のかけにくい短いロープの端を強く引くために、この結びに短かい棒を通して、それを握って引けば力がはいります。棒の一端を固定してテコとして使うようなこともあります。

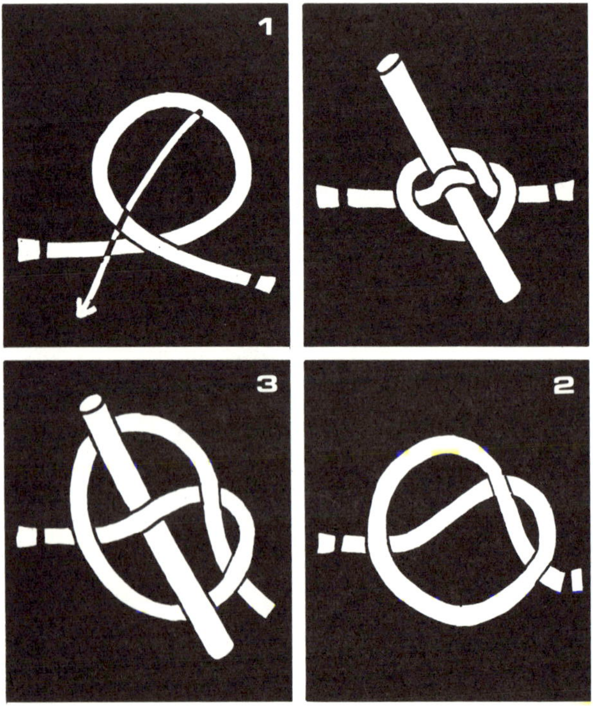

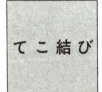

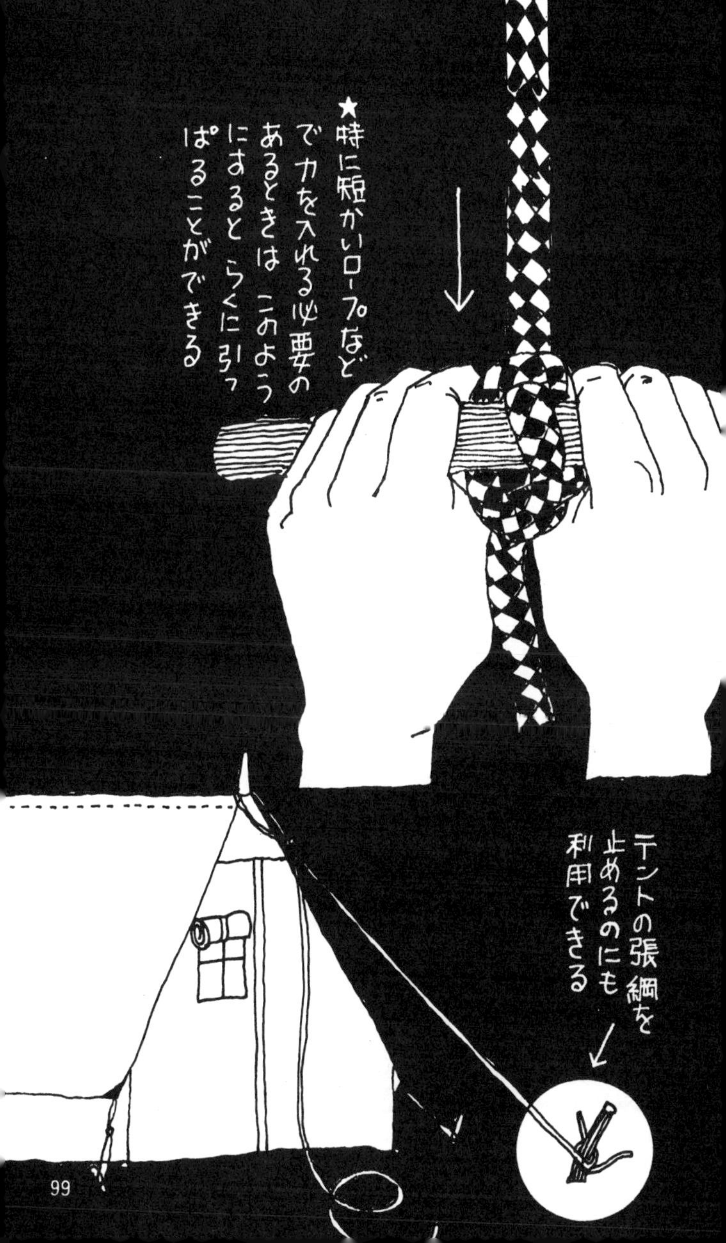
★時に短かいロープなどで力を入れる必要のあるときは このようにすると らくに引っぱることができる
テントの張綱を止めるのにも利用できる

馬つなぎ結び

テキサスボーラインとも呼ばれ、柱や横木などに馬をつないでおくときに多く用いられます。また、この結びの最後を**引き解け**にし、その端に細ロープをつけておけば、登山などで高所から降りた際などにロープの回収が容易です。

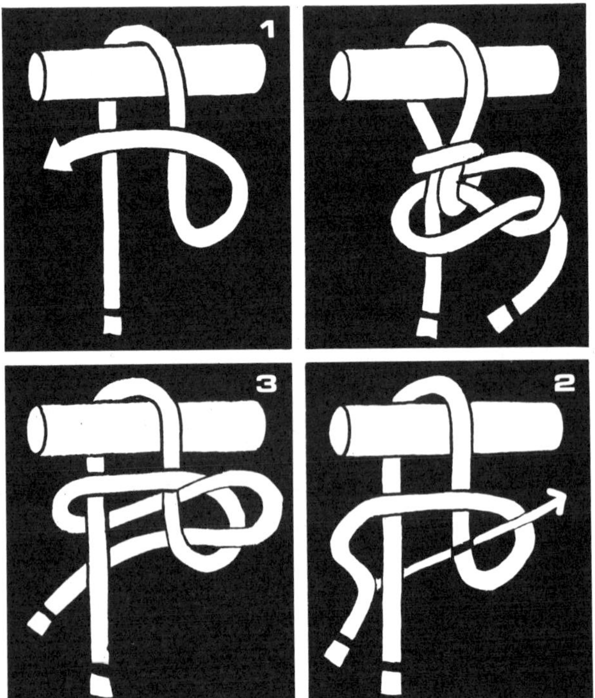

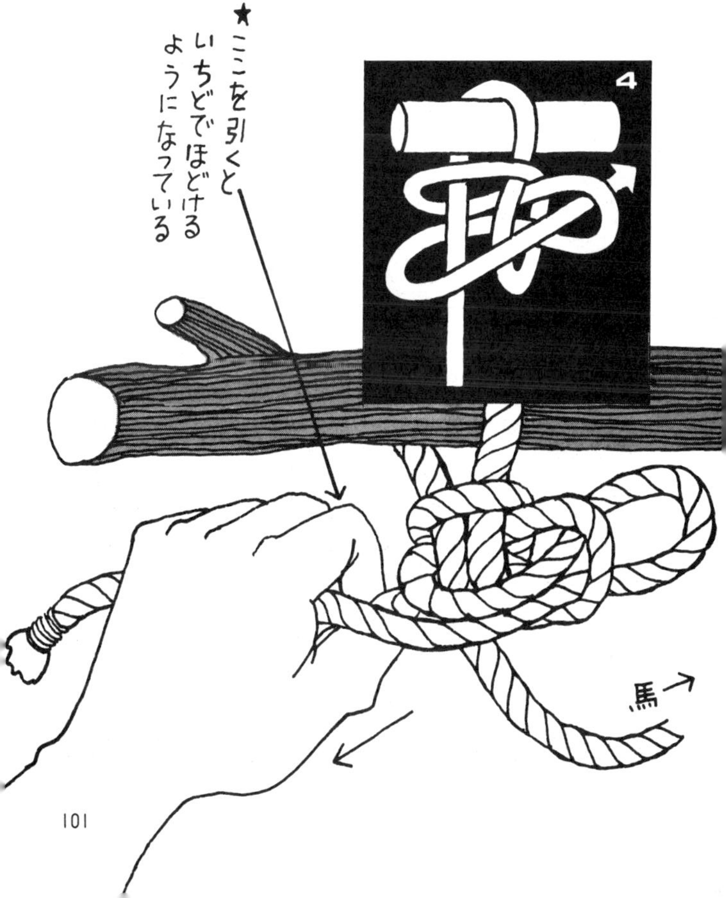
★ここを引くと
いちどでほどける
ようになっている
4
馬→

輪結び

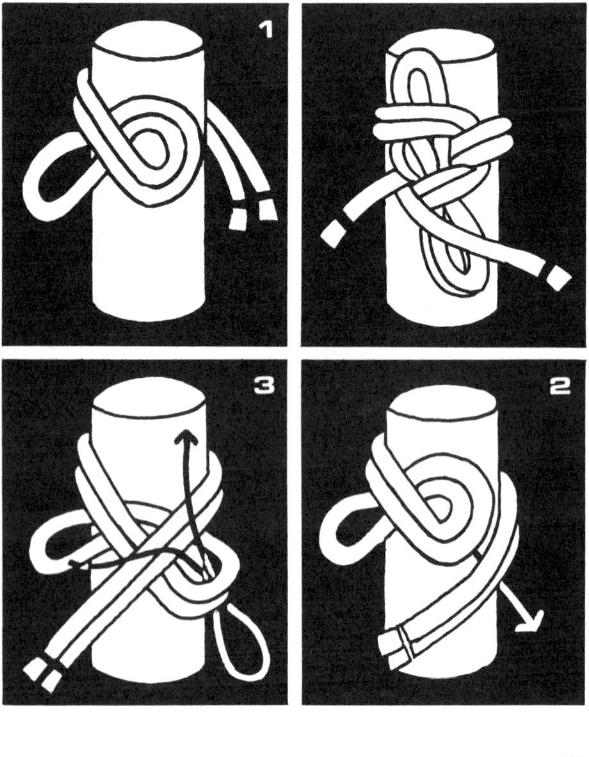

ほげた結び

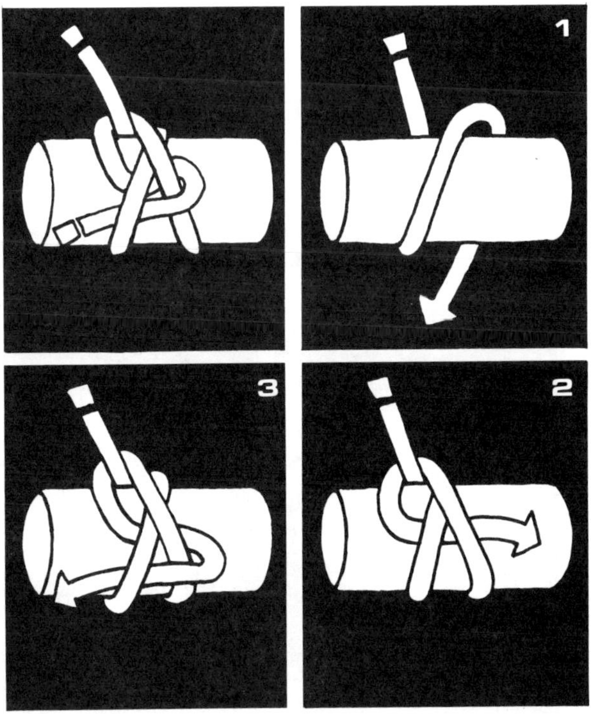

ビレイ・ピン

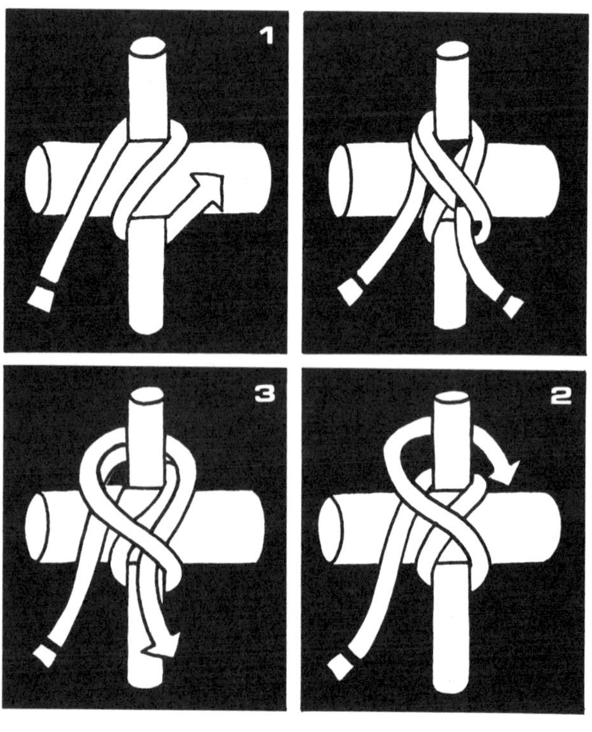

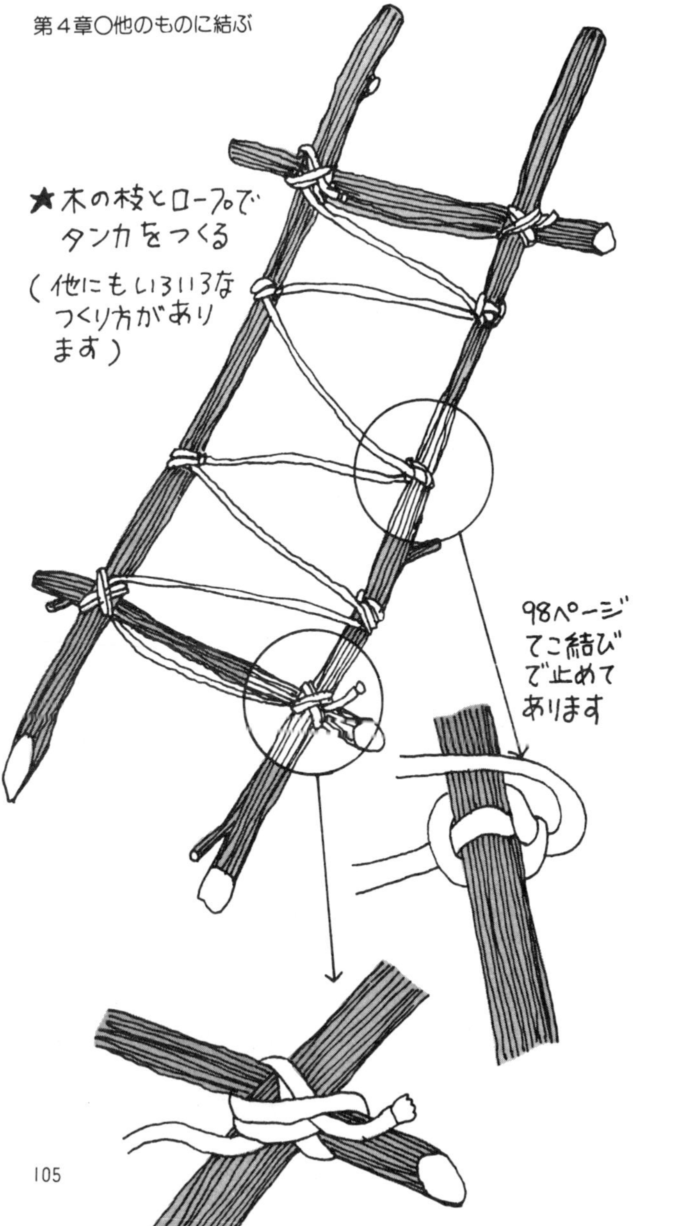
★木の枝とロープで
タンカをつくる
（他にもいろいろな
つくり方があります）
98ページ
てこ結びで止めて
あります

一筋叶結び

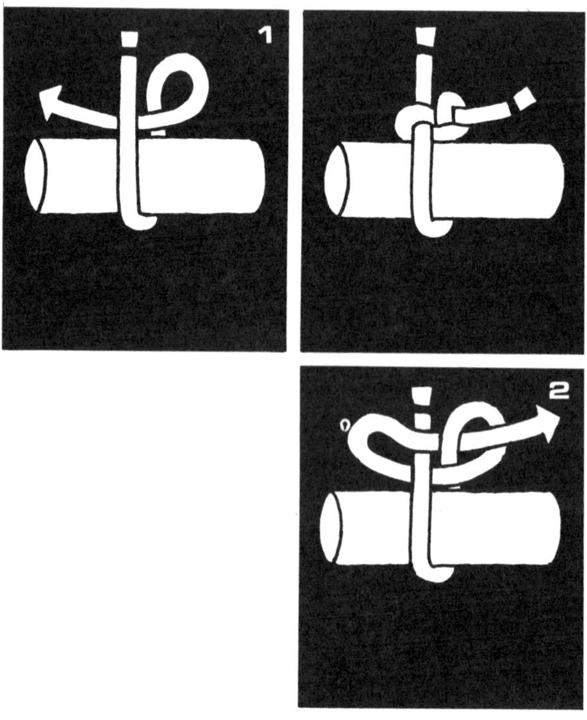

トップスル・ハリヤード・ベンド

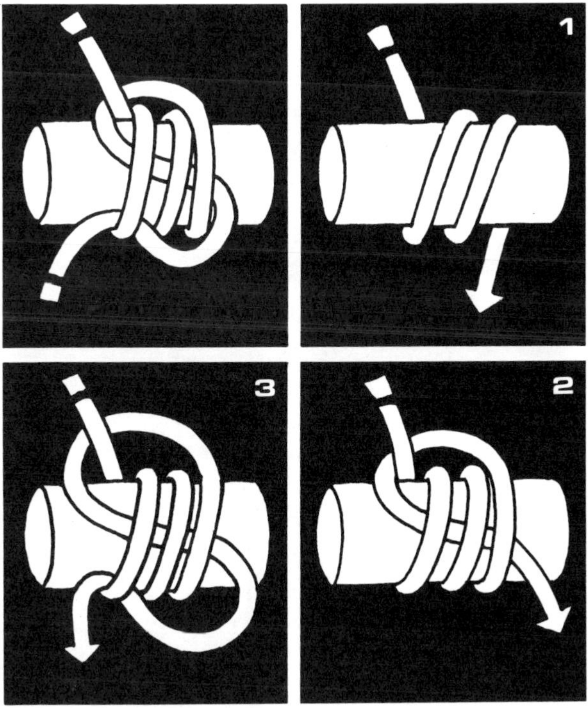

ねじ結び

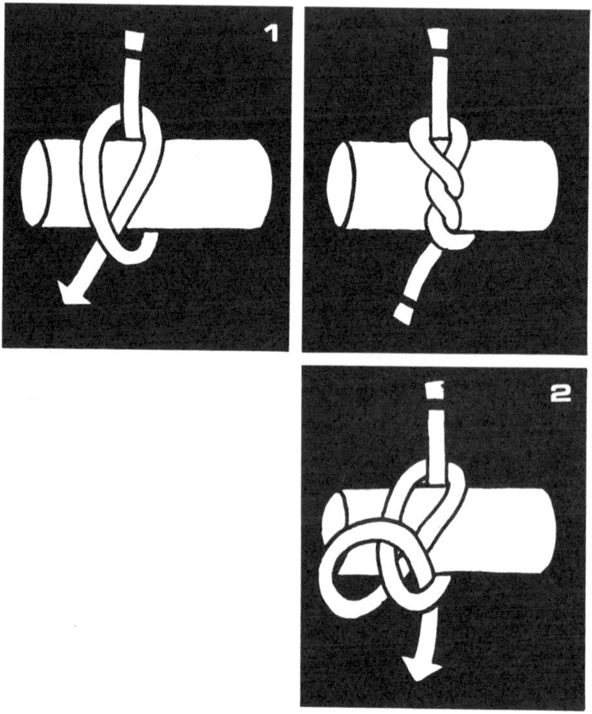

ロープの材質の特徴

ロープを使う仕事は、その多くの場合、失敗すると危険を招くことがあるので、使用目的をよく考え、品質、強度などの規格のはっきりしている良質のものを選ぶ必要があります。材質による特徴は次のようなものです。

麻ロープ＝強さ、耐久性などに勝れていますが、なかなか良質のものは手に入れにくいという難点があります。

合成繊維製＝ナイロン、ビニロンをはじめ多くの種類のものが、最近は出まわっています。軽いし負重力も大きく、湿気にも強いという長所がありますが、難点は滑りやすいことと、重い目方がかかったときの延びが大きいことです。

木綿製ロープ＝強さも耐久力も麻や合成繊維に劣るので、重力のかかる仕事には不向きです。が、柔らかくて手になじみ、使いやすい利点があります。

曳索結び

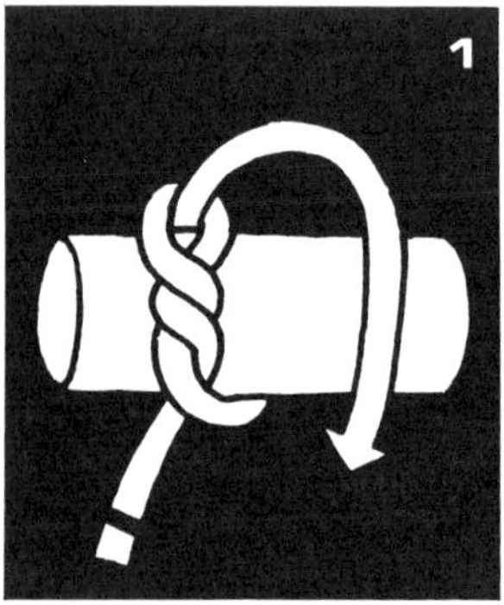

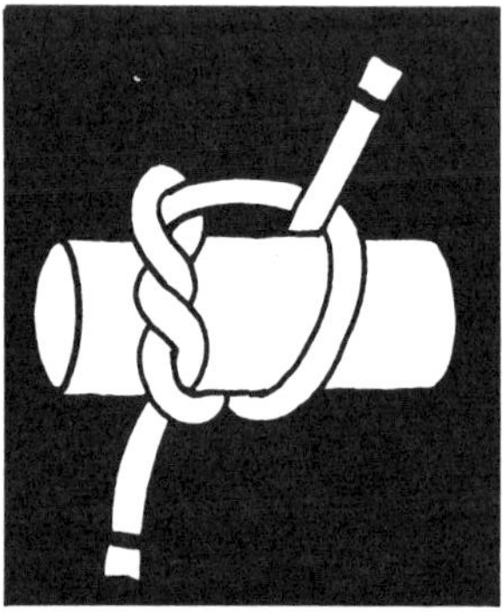

枝結び

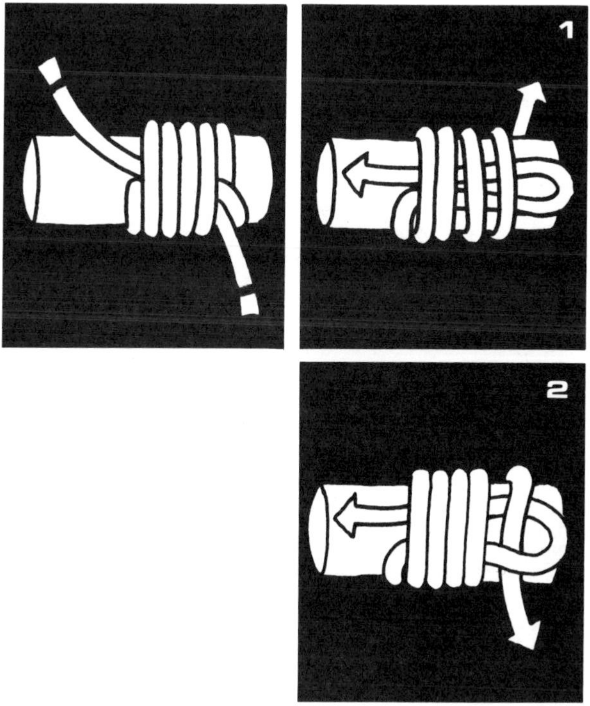

セーラーズ・ヒッチ

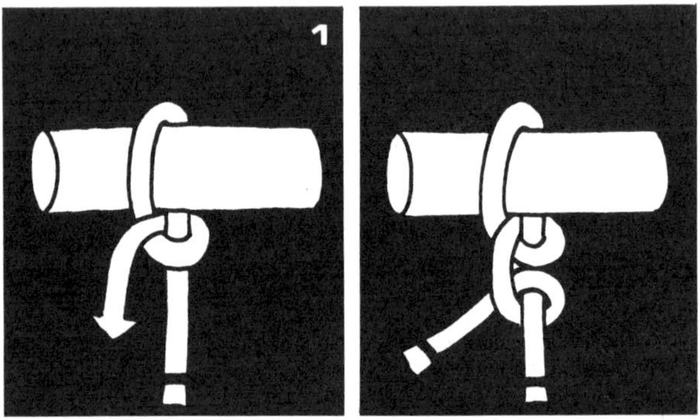

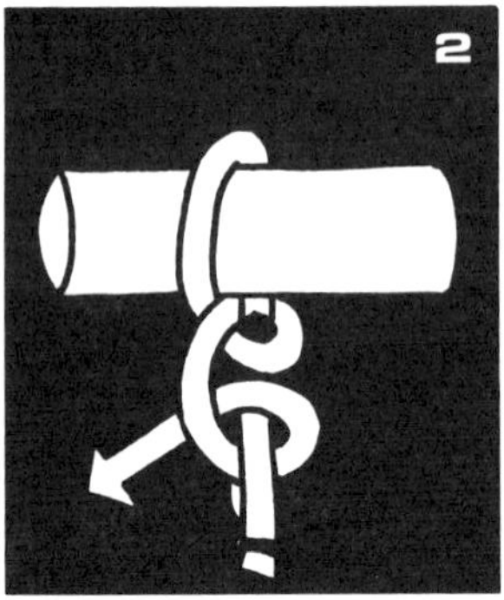

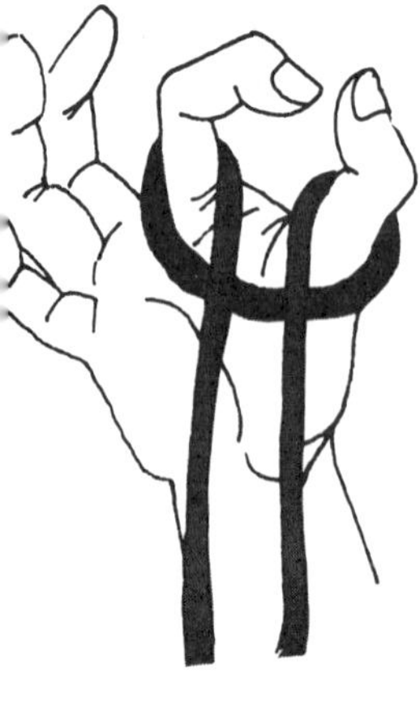

ひばり結び

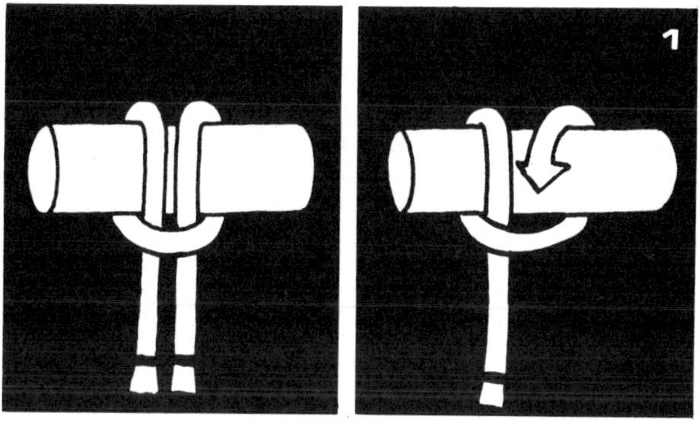

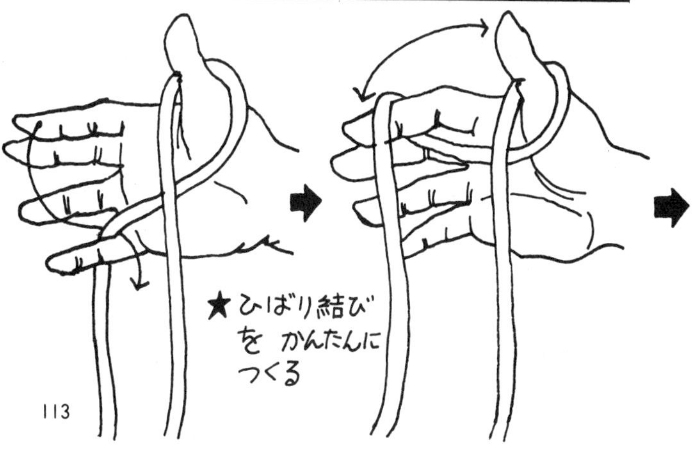

ほずな結び

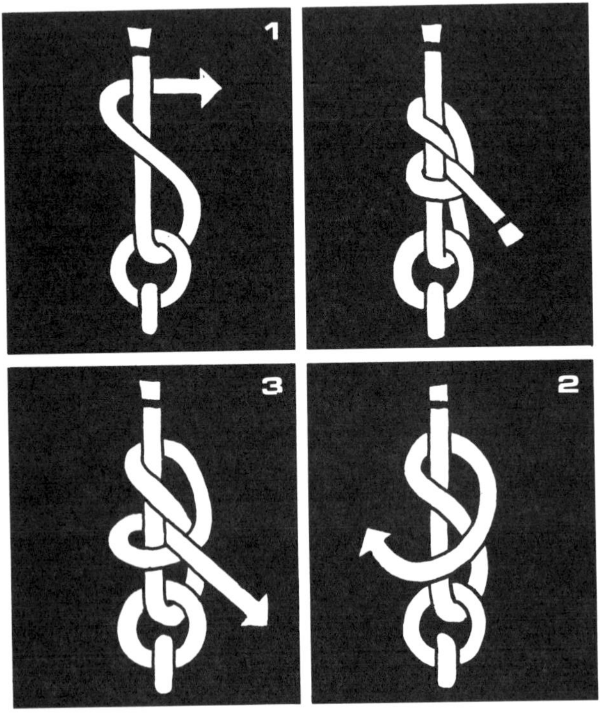

★箱を結ぶ

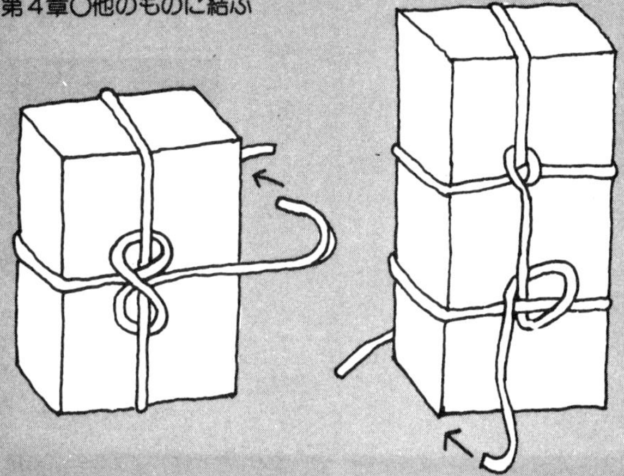

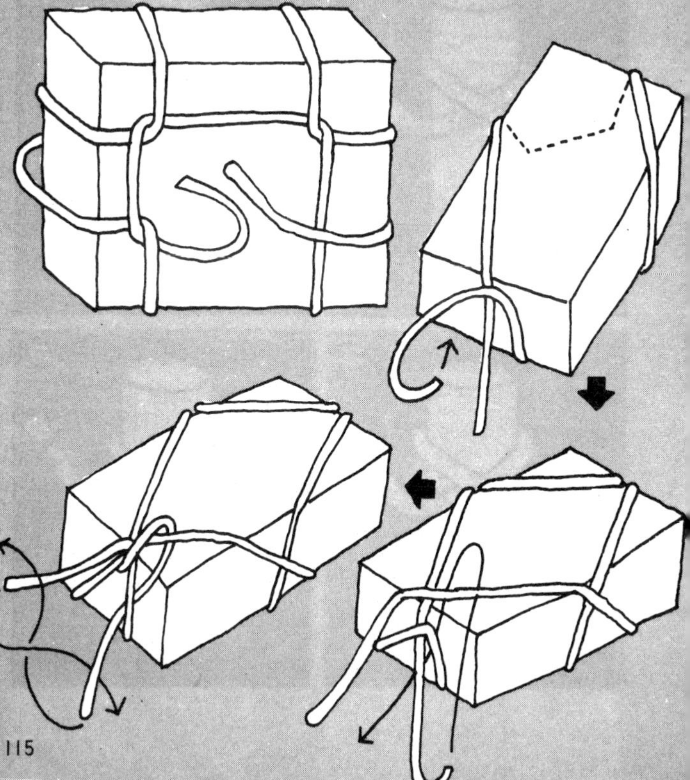

百姓結び

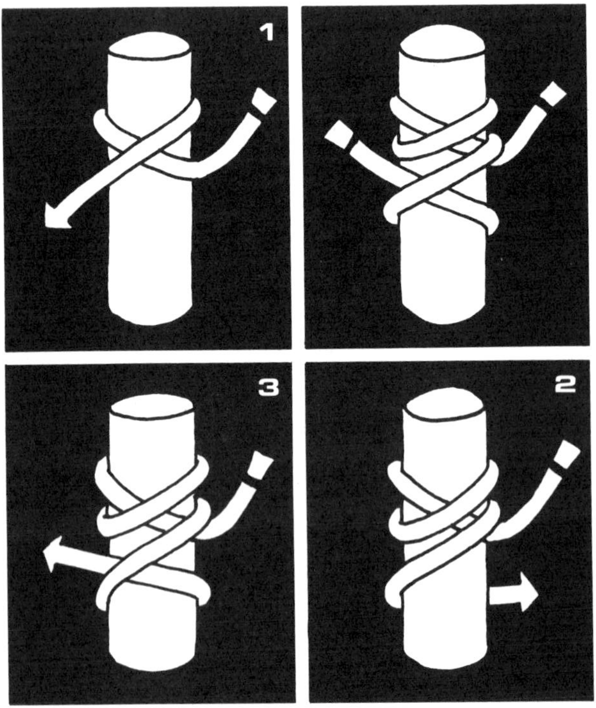

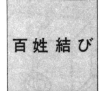

繩船結び

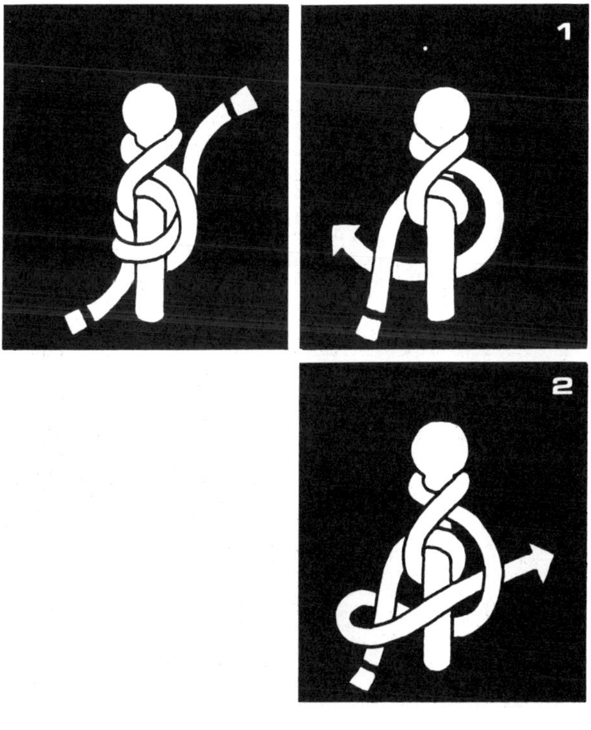

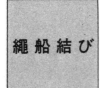

鎖 結 び

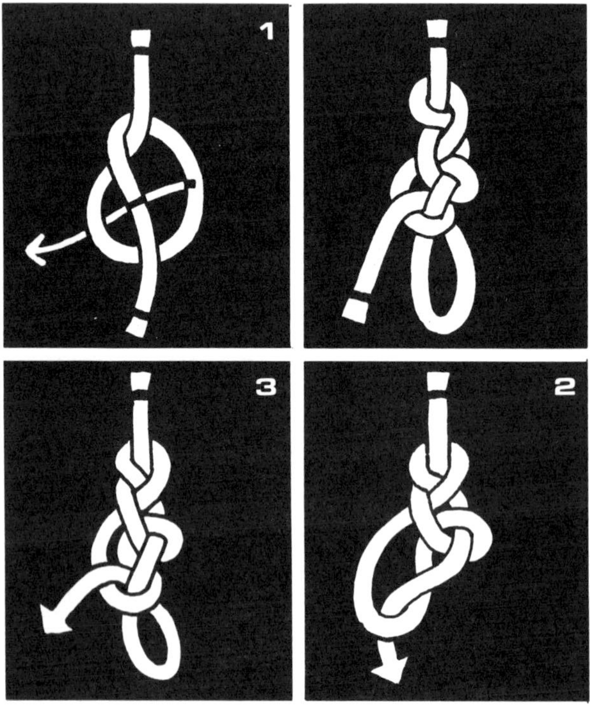

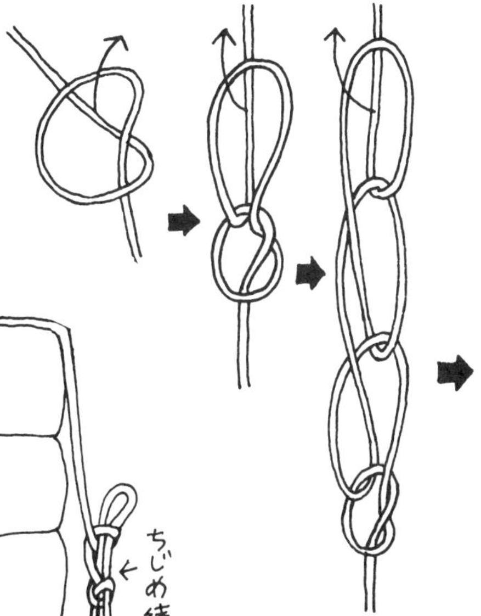

★鎖結びを連続する

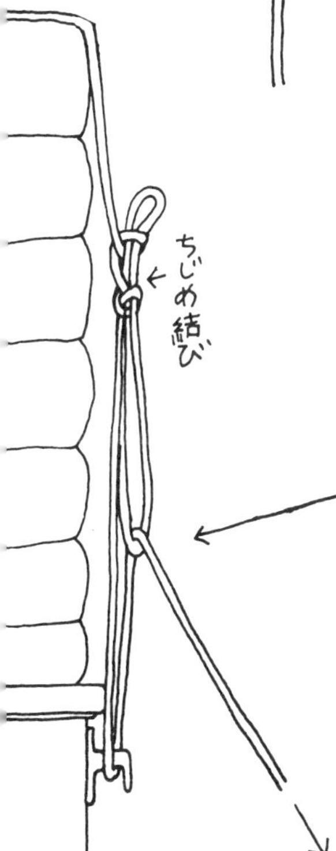

★ちぢめ結び・鎖結びはトラックの荷台に荷物を止めるときなどに利用されています

第5章○しばり合わせる

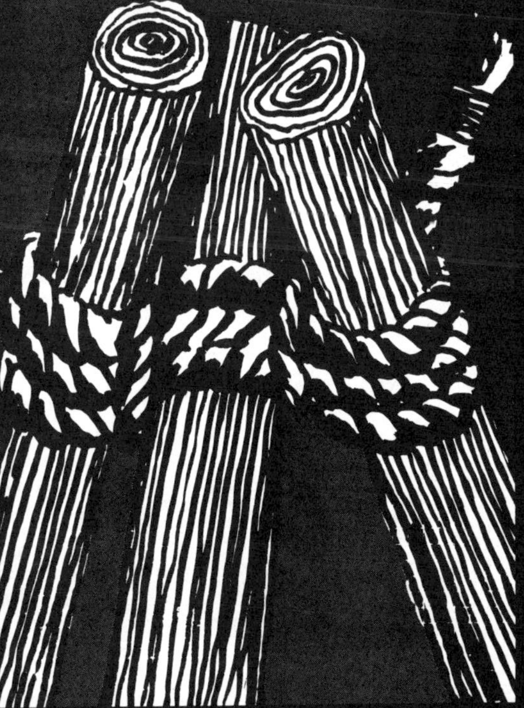

角しばり

足場ややぐらを組んだり、橋やイカダを作るための一時的な丸太の縛り方を総称して“縛材法„といいます。この**角縛り**はその代表的なものですが、どちらかといえば西洋風で、日本では古くから**箱結び**という似たような縛り方が用いられています。

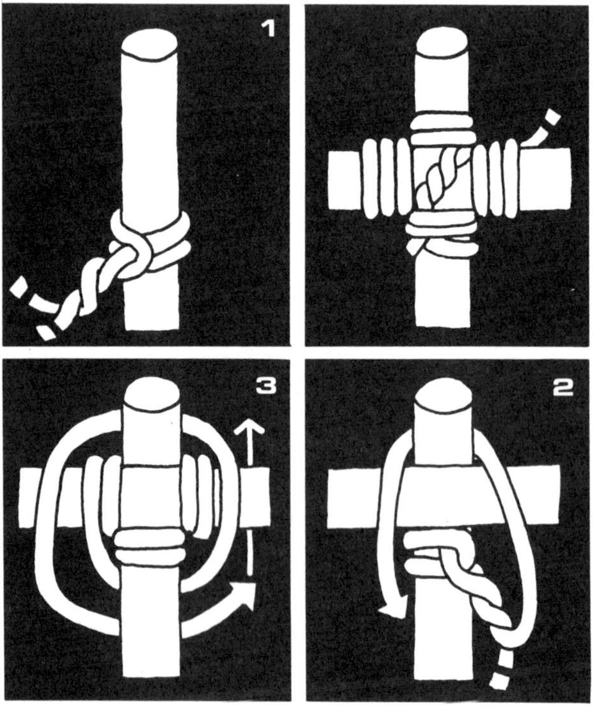

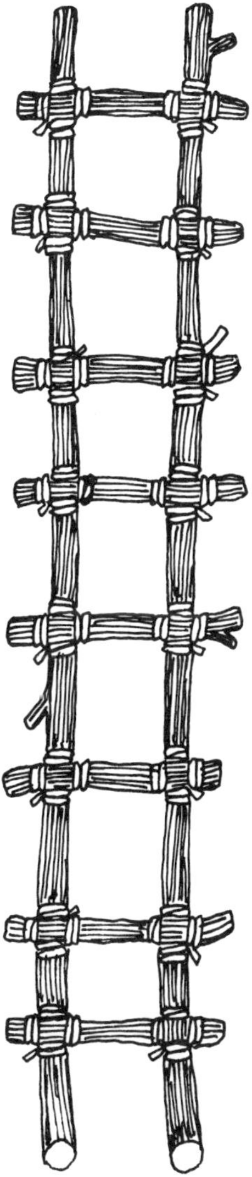

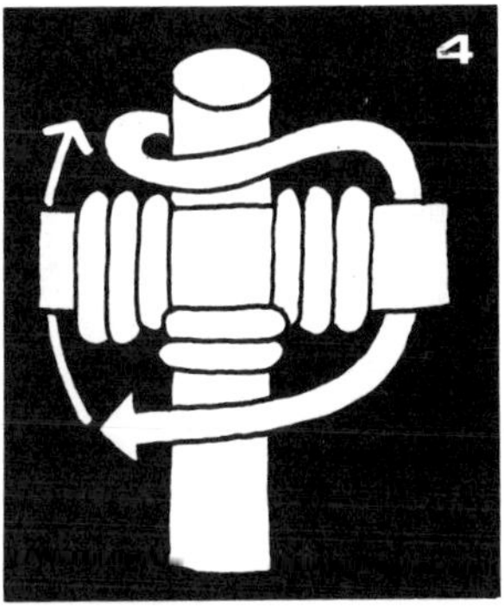
4

筋かいしばり

組みあげた足場や丸太わくの交差角度を固定して、それがゆがむのを防ぐための斜め材の交差部を縛るためのものです。筋かい材の交差に多少のすき間があってもよいように、交差部に二本の**ねじり結び**をかけます。

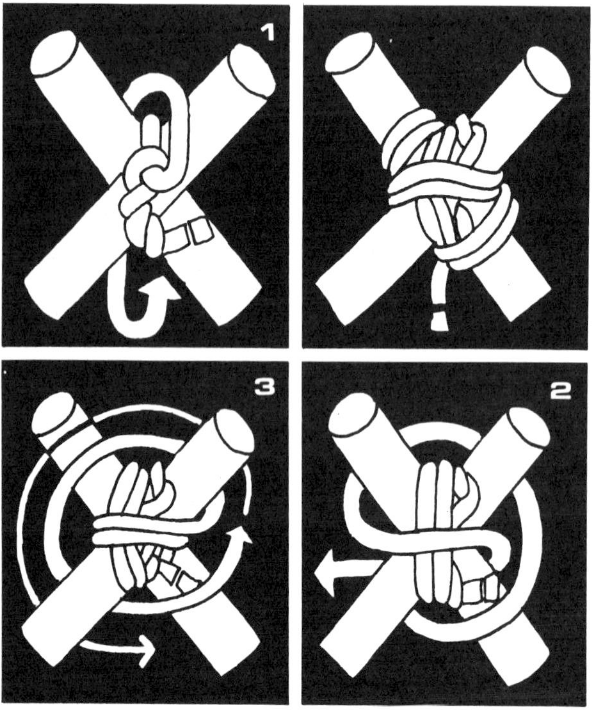

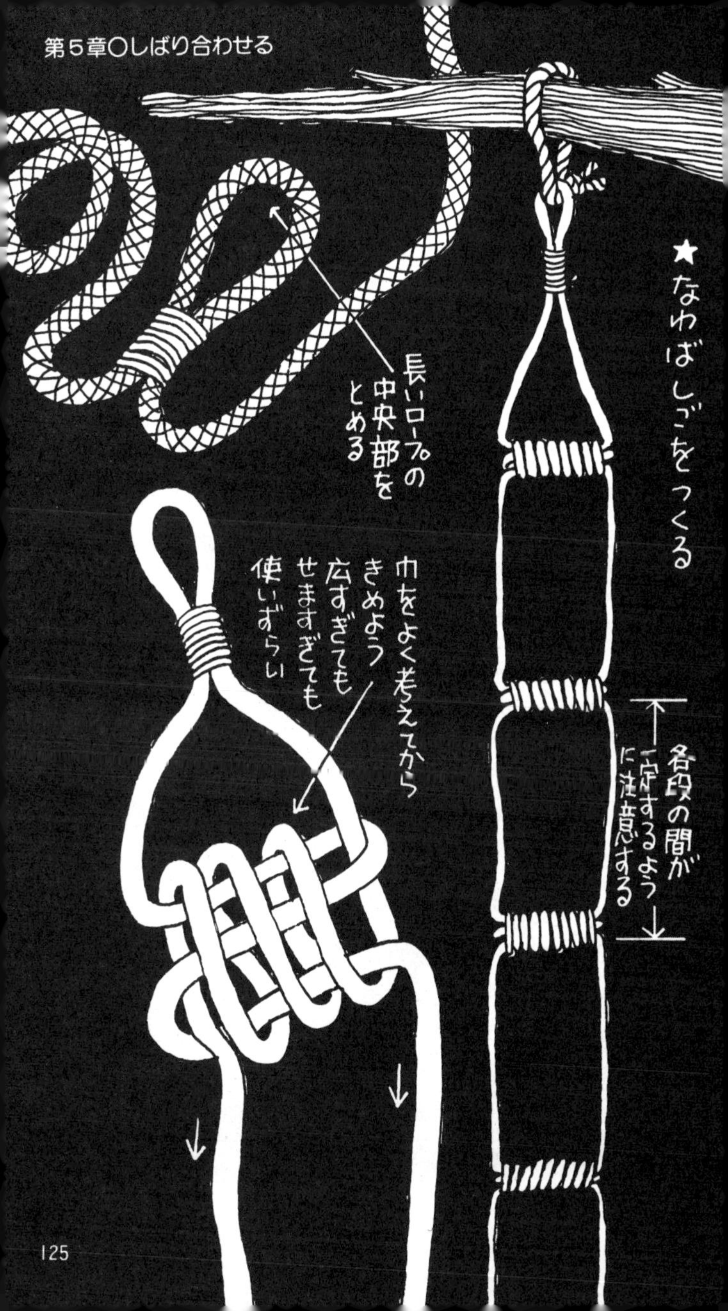
★なわばしごをつくる
長いロープの中央部をとめる
巾をよく考えてからきめよう
広すぎても
せますぎても
使いずらい
各段の間が一定するように注意する

はさみしばり

これは二本の丸太の頭部を縛って交差した脚を作るとき、三本の丸太で三脚を作るとき、丸太を長くして使うためなどに用いる縛り方です。具体的には左の図解をご参照ください。

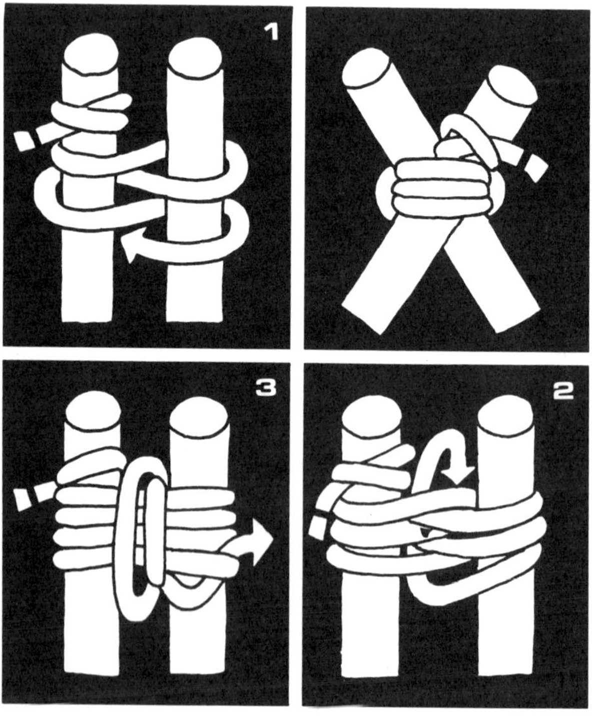

★登山でよく使われる下降方法
ピンはしっかりした
ものを選び安全を
たしかめる
手をロープから
はなすとキケン
下におりたら結び目
をといて　どちらか一方の
ロープを強く引けばロープの
回収ができる
ロープの末端は
かならず止めておく
下の手でスピードのコントロール
をする　強くにぎれば途中
でとまることができる

巻しばり

二本の丸太を継ぎ足すときに用いるもので、ある程度の間をあけて二カ所でそれぞれを、八回ぐらい巻いて縛り、できれば丸太と巻きとの間に三角形のくさびを入れて巻きを強化します。

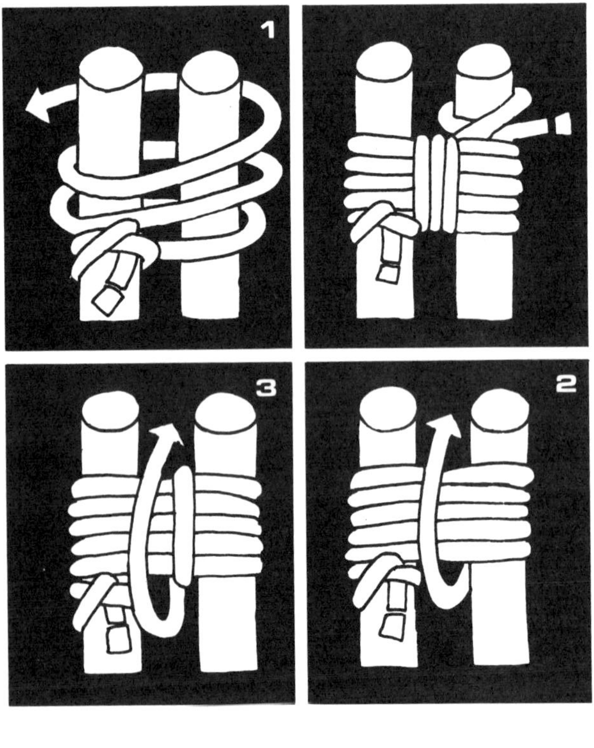

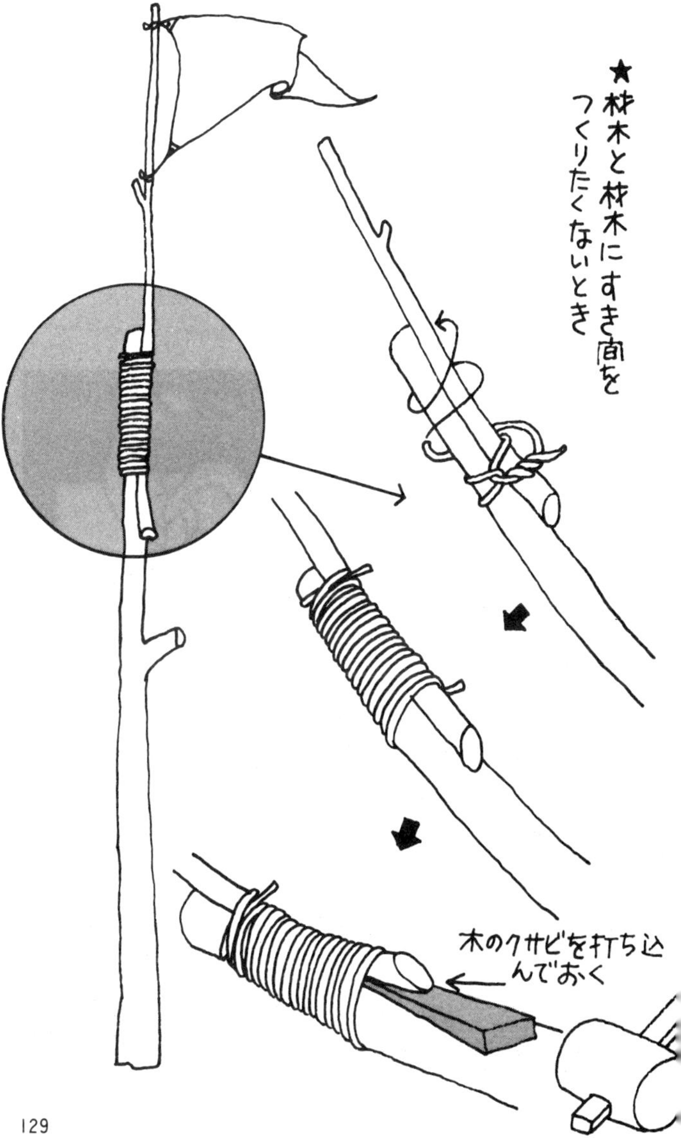
★杭木と杭木にすき間をつくりたくないとき
木のクサビを打ち込んでおく

かきね結び

竹垣の交差部を装飾的に結ぶことに使われるので、この名が付けられています。しかし実用的には荷造りの縄かけなどに多く用いられ、長いロープの端から順に使えること、解けにくいことなどの利点があります。

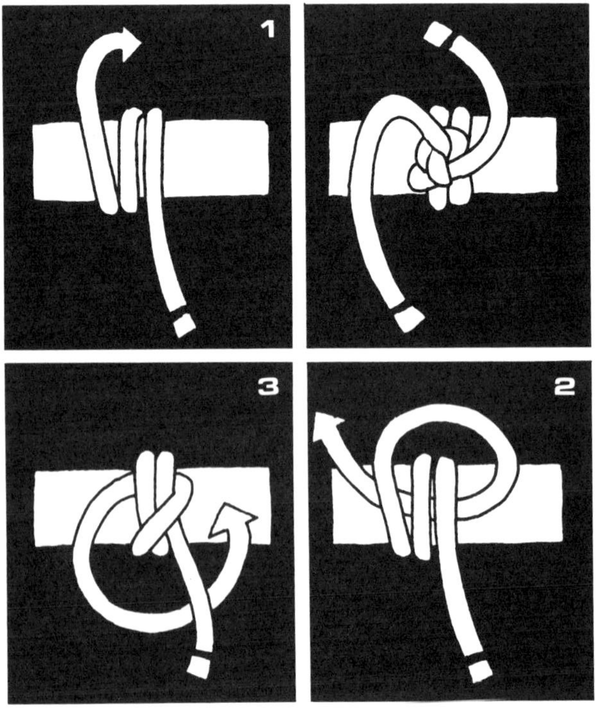

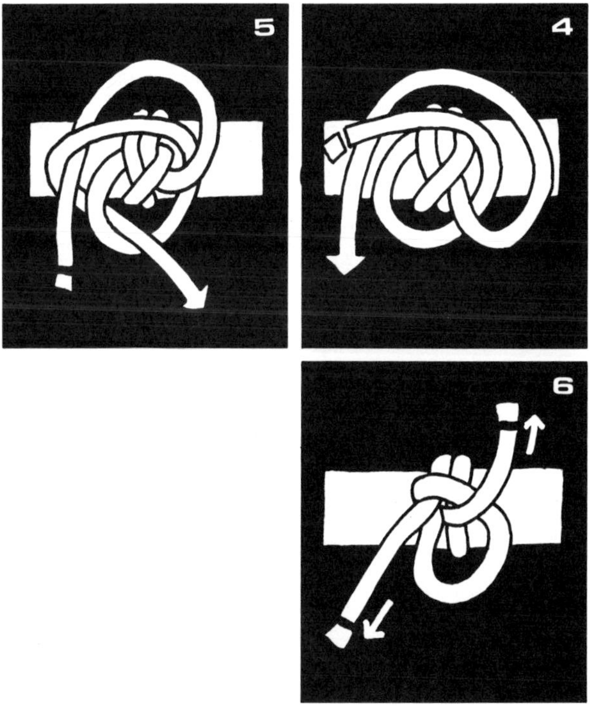
4
5
6

コンストリクター・ノット

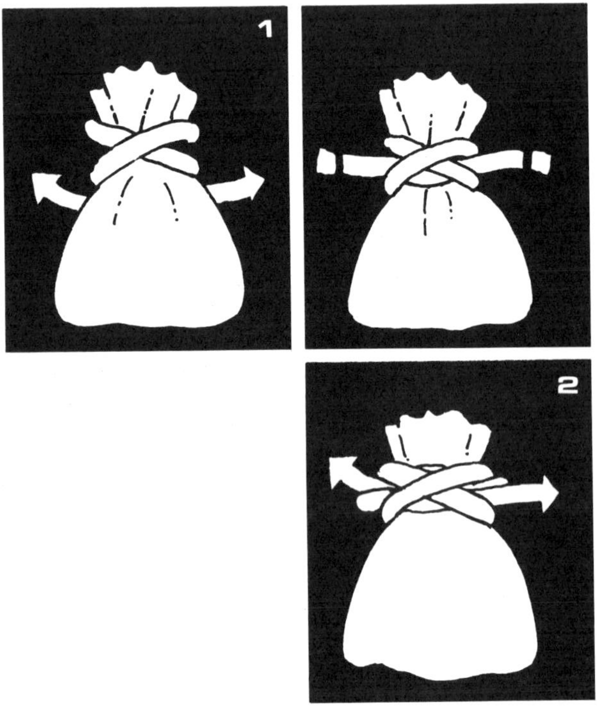

粉袋結び

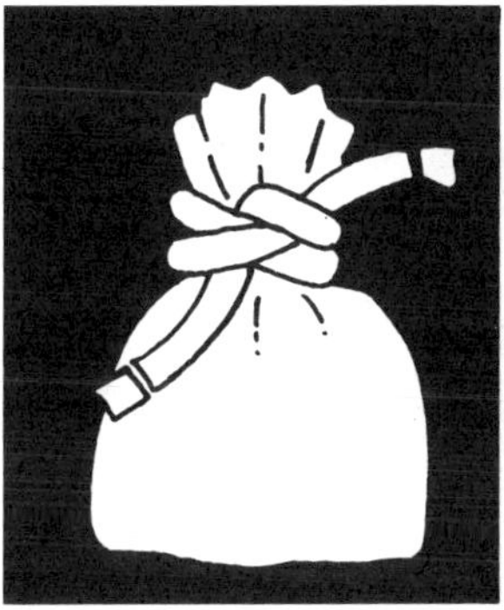

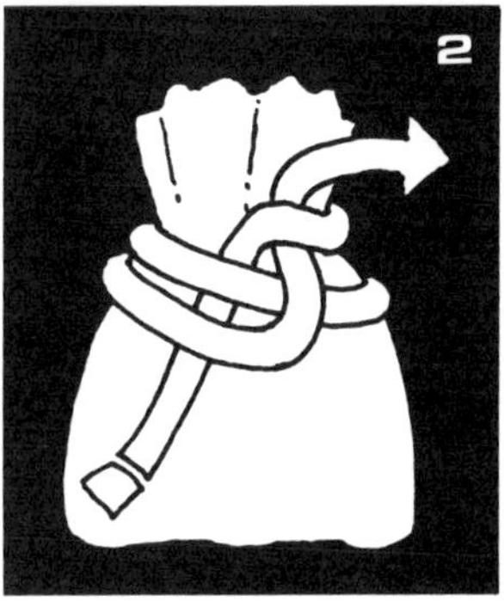

結び掛け結び

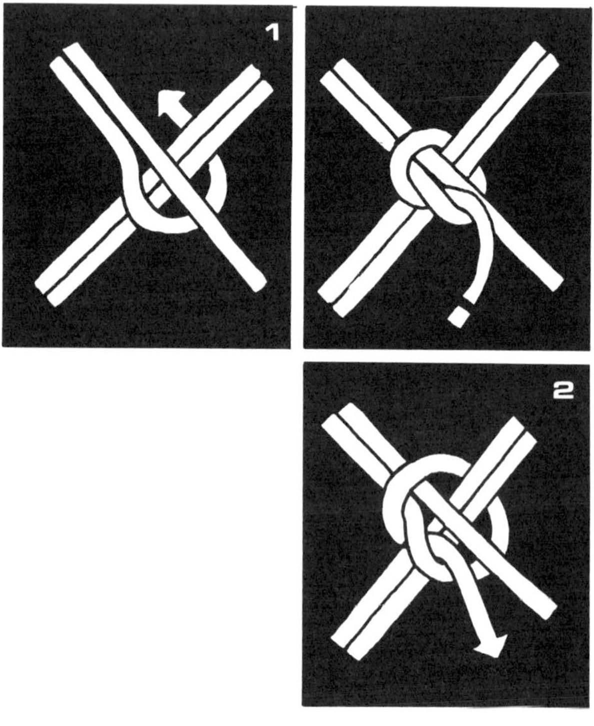

たる結び

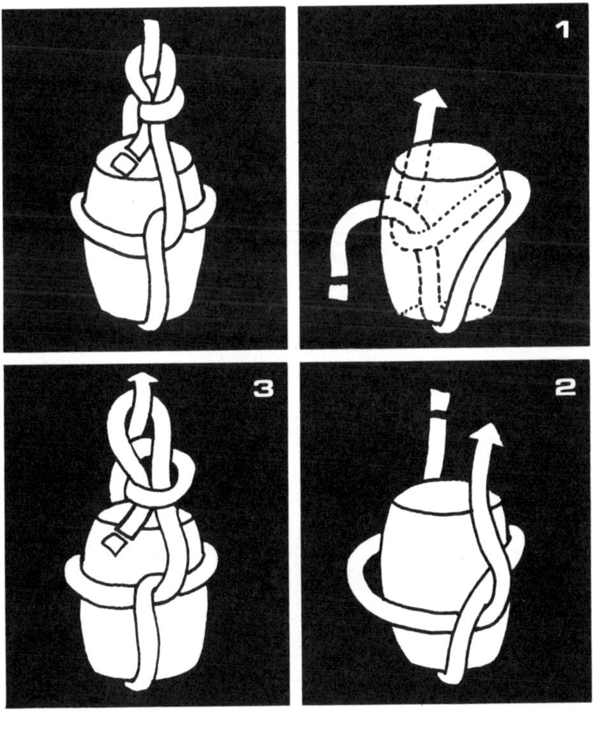

かます結び

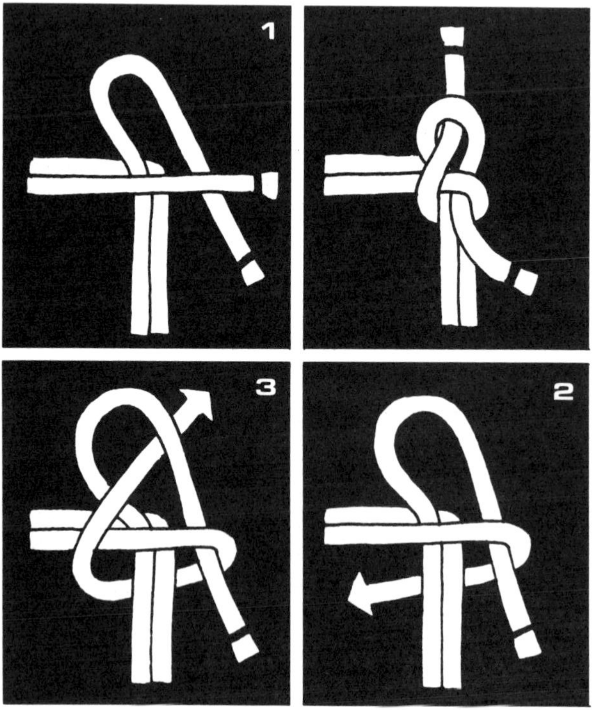

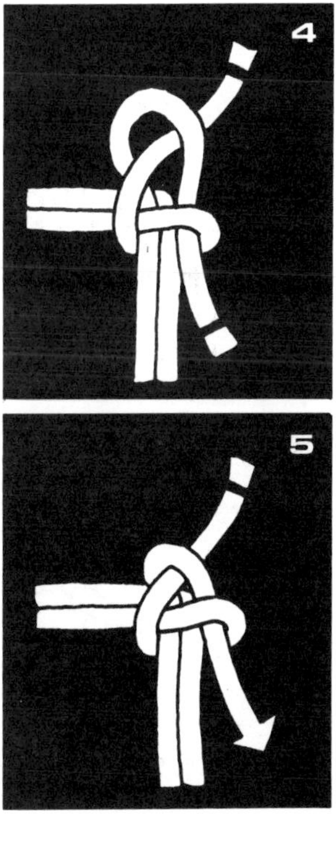
4
5

桶結び

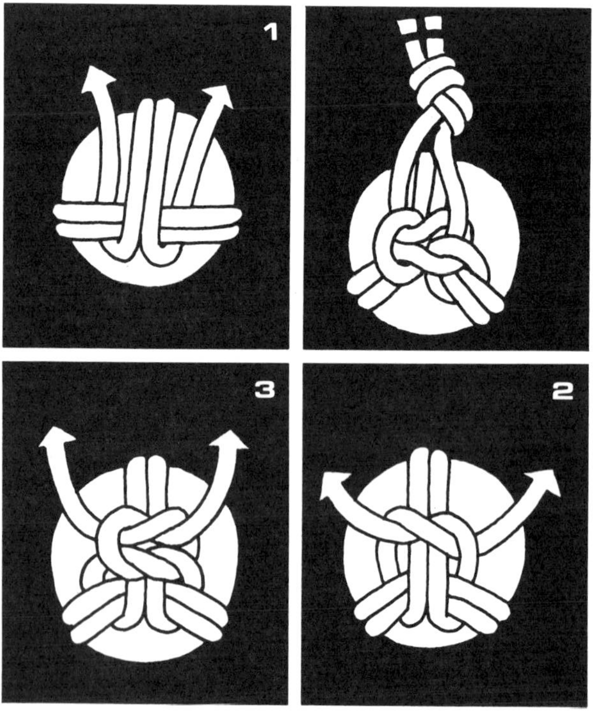

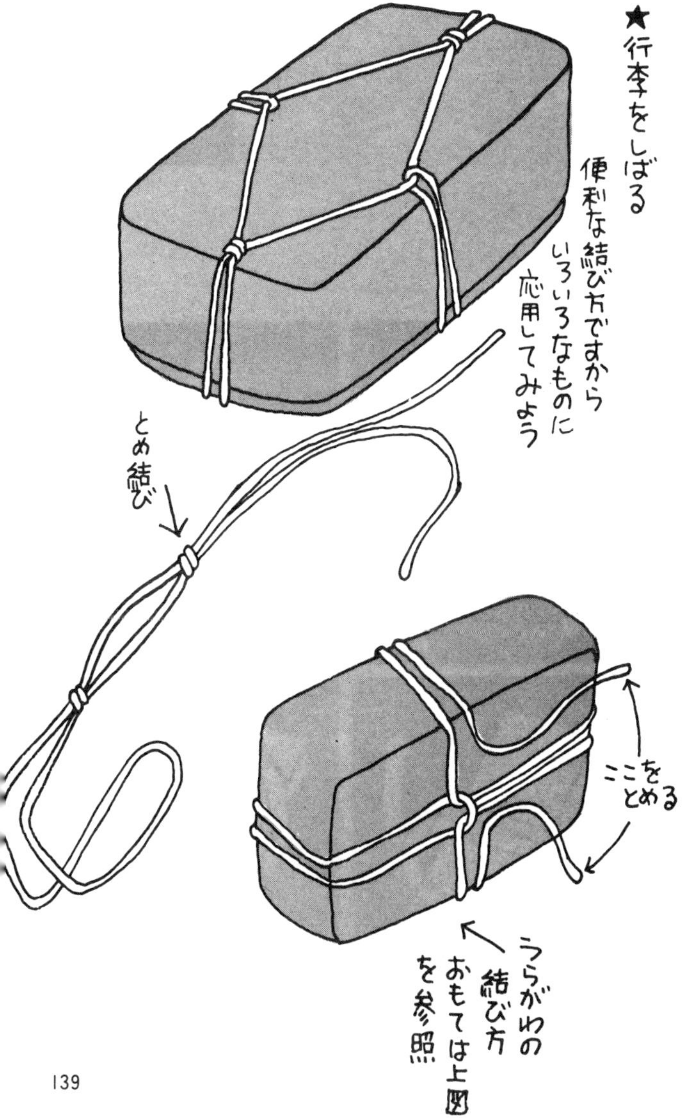
★行李をしばる
便利な結び方ですから
いろいろなものに
応用してみよう
とめ結び
ここをとめる
うらがわの
結び方
おもては上図
を参照

ステージ・ロープ

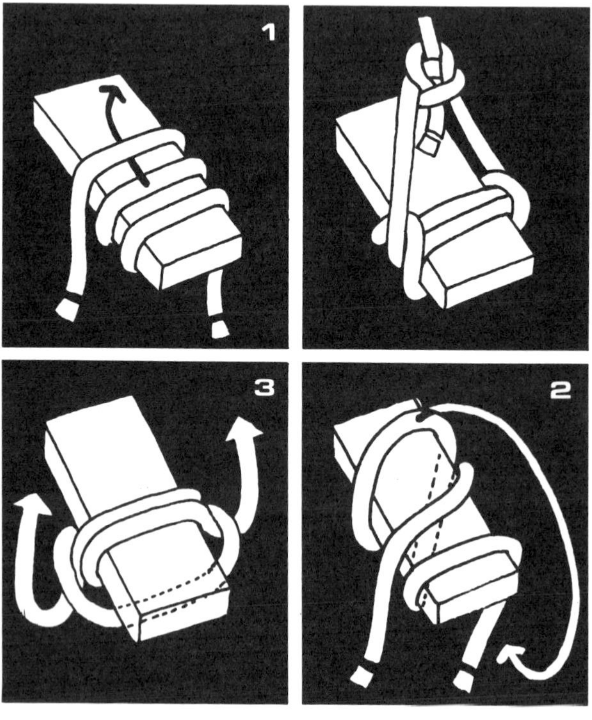

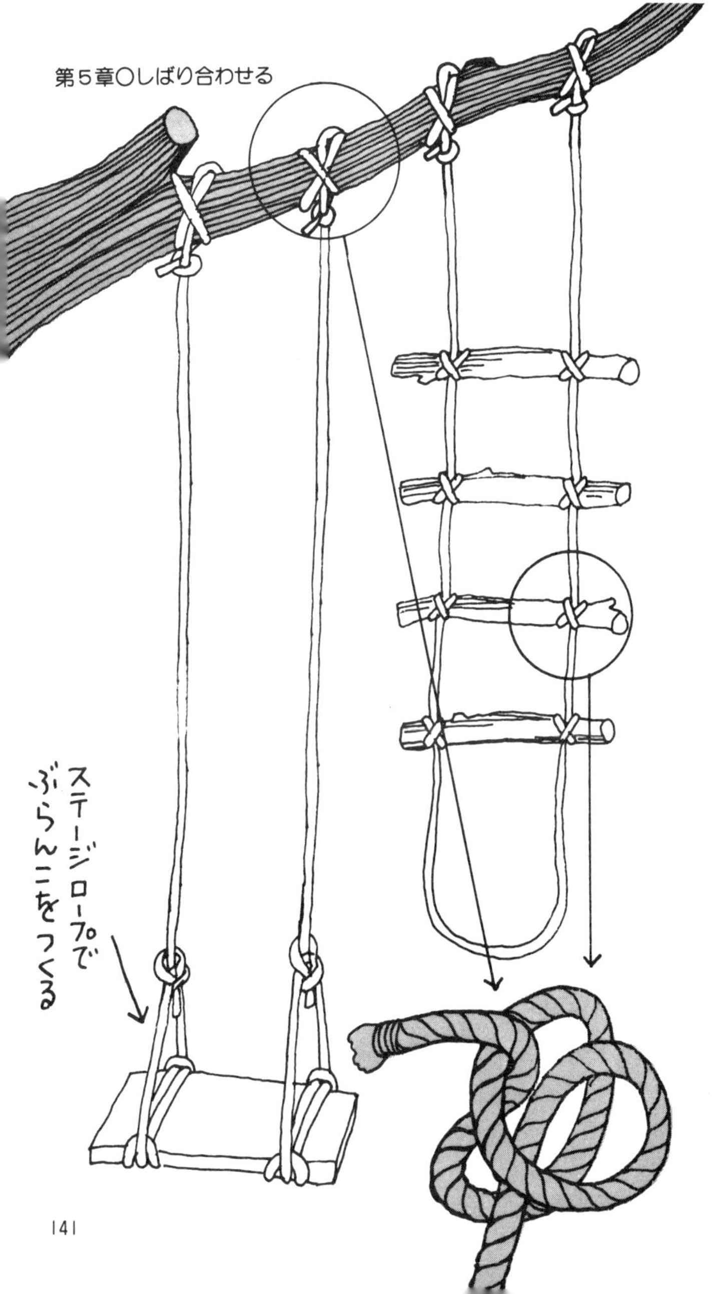
ステージロープで
ぶらんこをつくる

第6章○ちぢめる

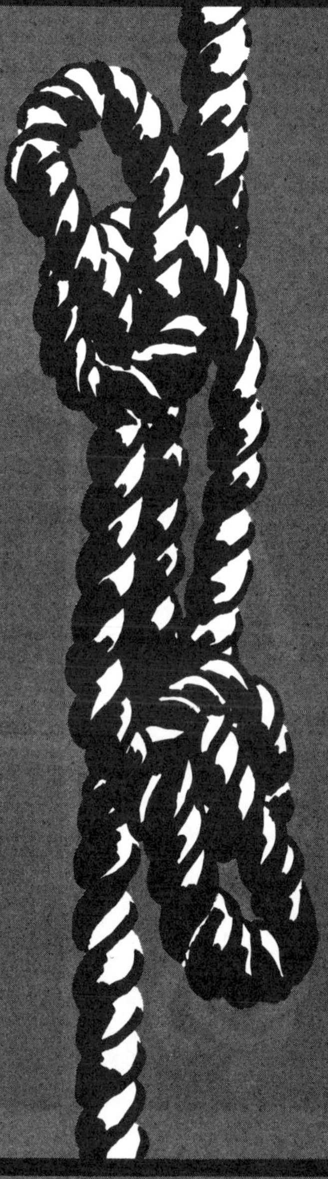

ショートニン
グ・パッシン
グ・スルー・
・ノット

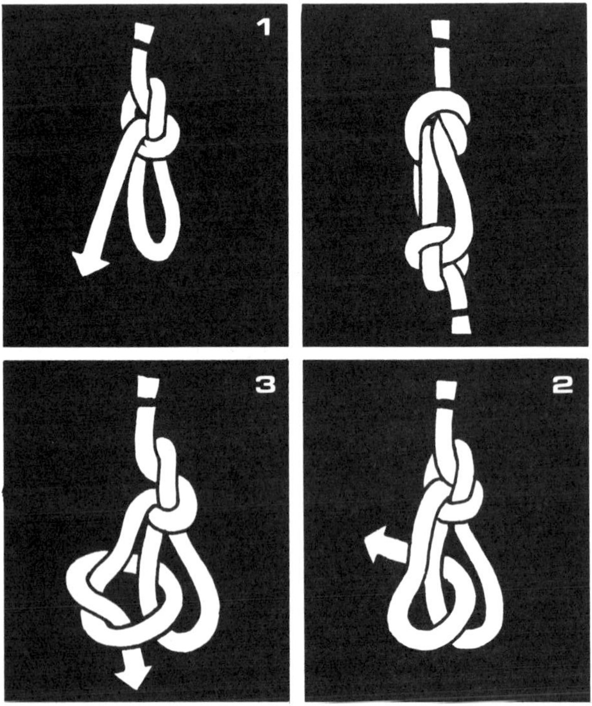

★ロープでブレスレットをつくる

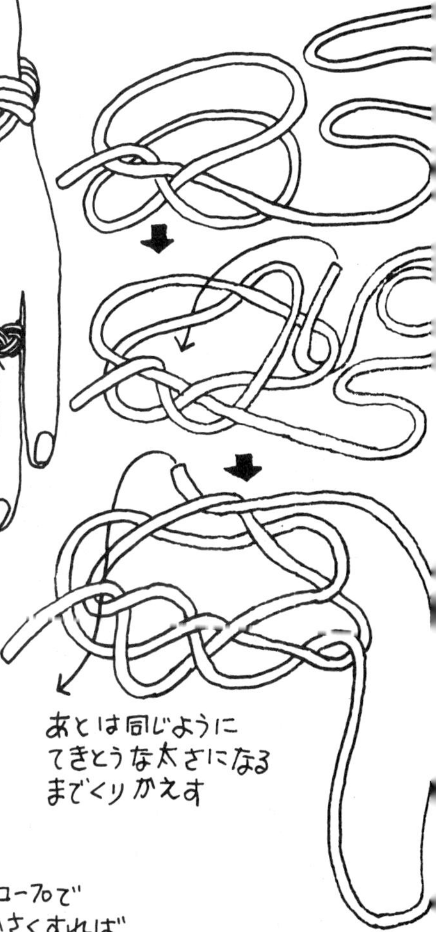

あとは同じように
てきとうな太さになる
までくりかえす

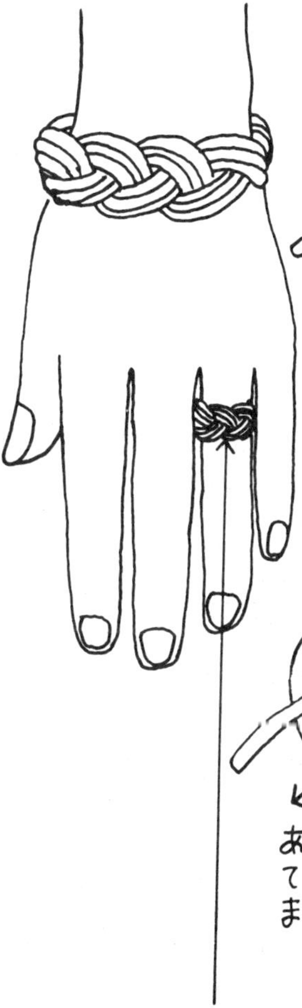

ほそいロープで
輪を小さくすれば
指輪にもなります
色を工夫すれば
さらに楽しみも
ふえるでしょう

縮め結び

長いロープを中間で折りかえして、
一時的に短かく使うための結びです。

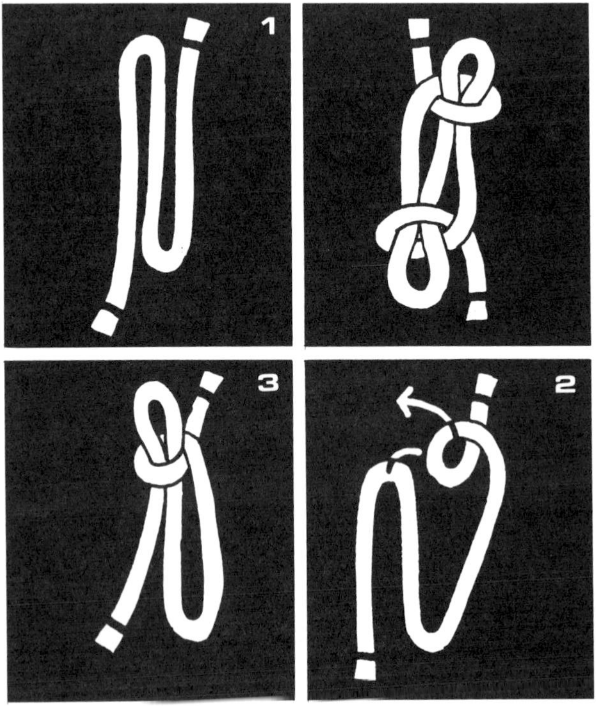

テントの張綱を
ちじめたりするとき
に便利

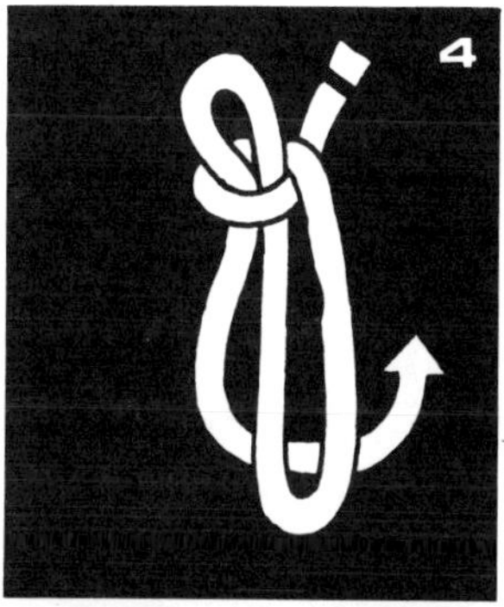
4

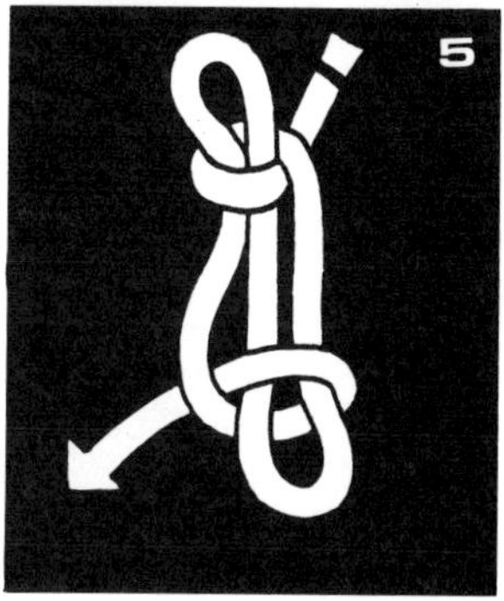
5

第7章○飾る

掛帯結び

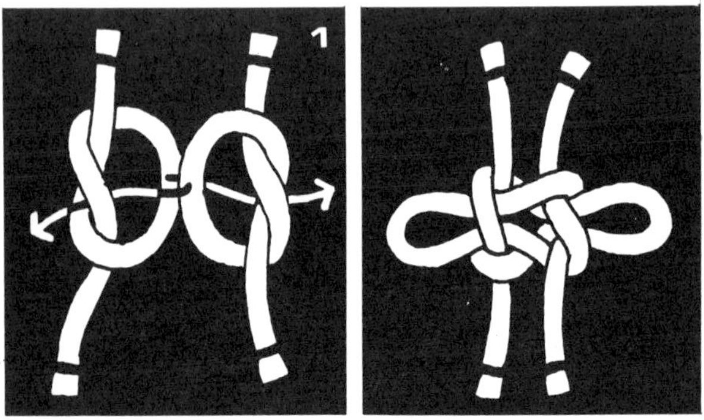

あげまき結び

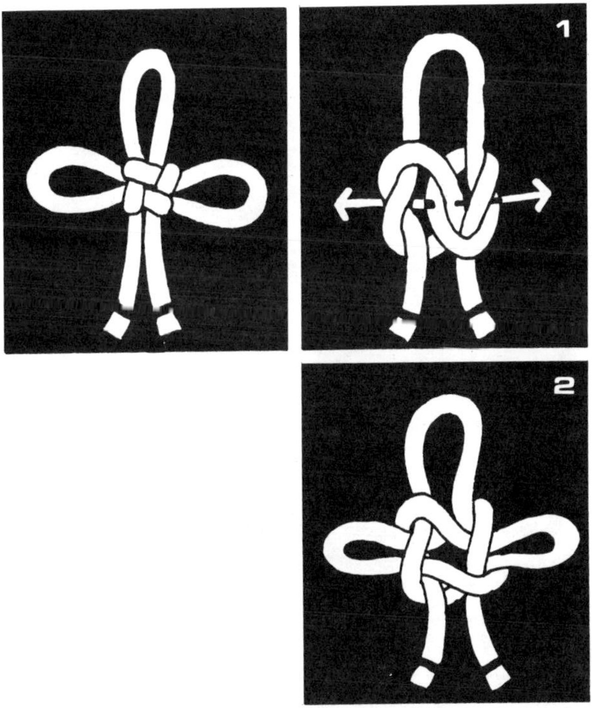

袋の紐結び

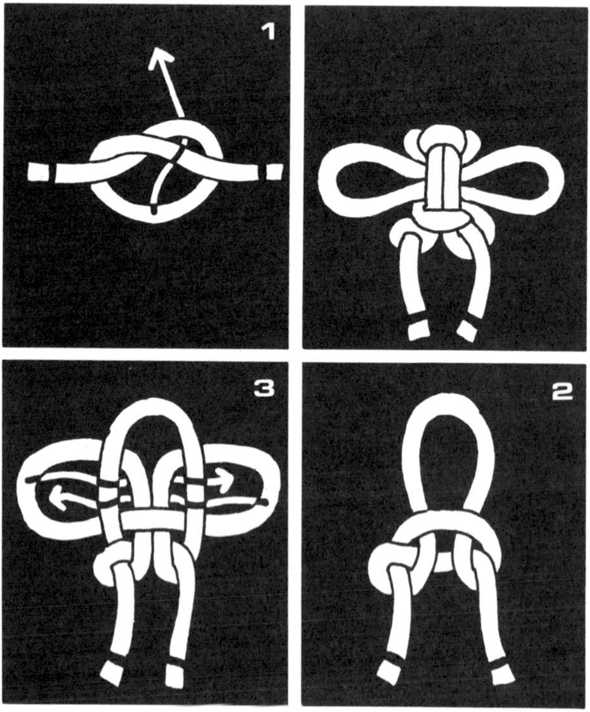

丸打ち羽織紐結び

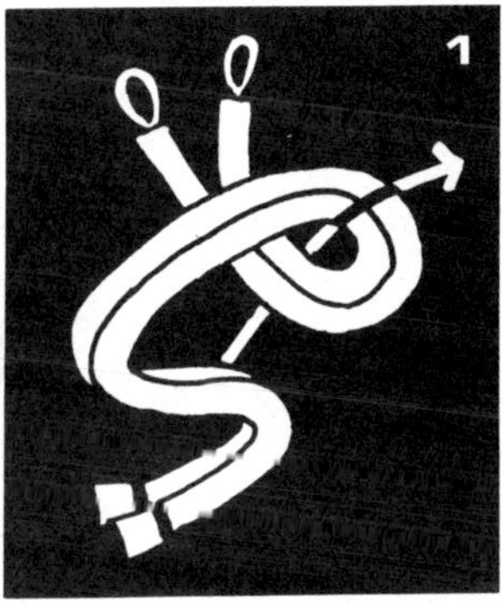

羽織紐結び

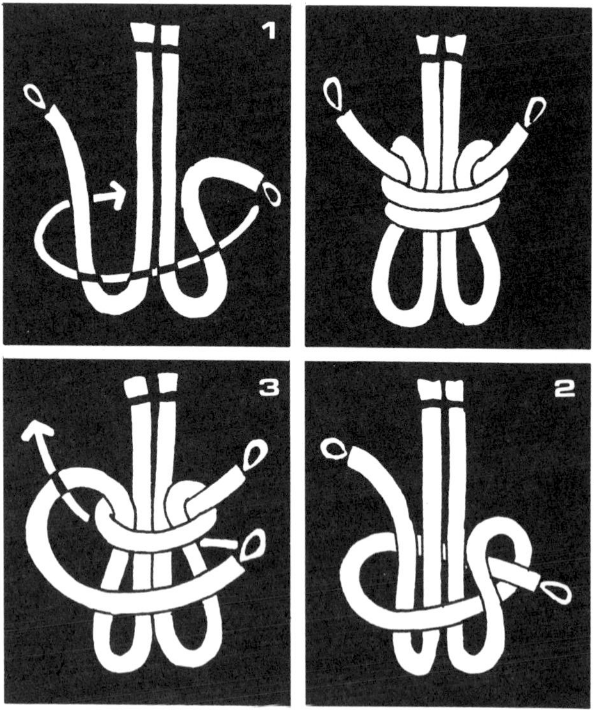

女性のま結び

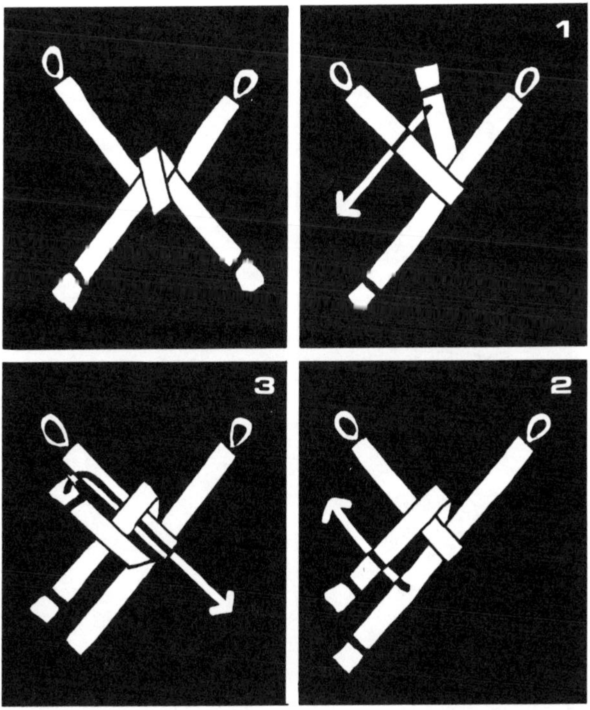

蝶ネクタイ
結び

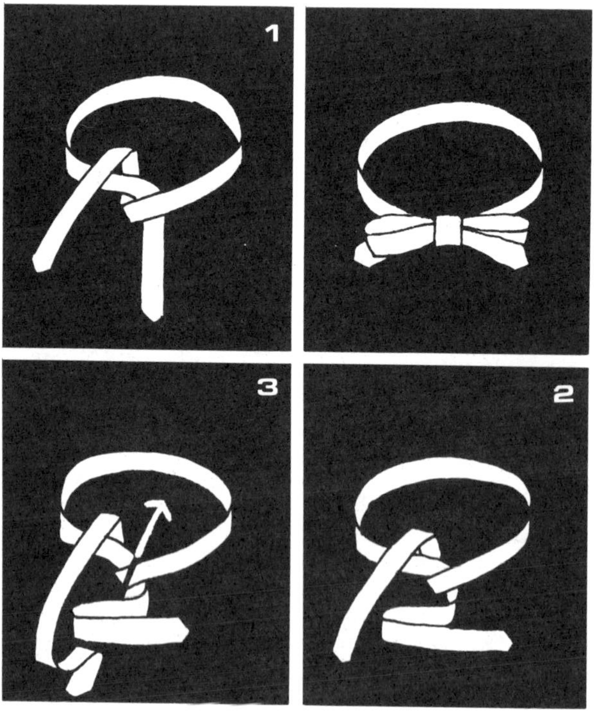

★連続止め結びをつくる

★連続8の字結びをつくる

とんぼ結び

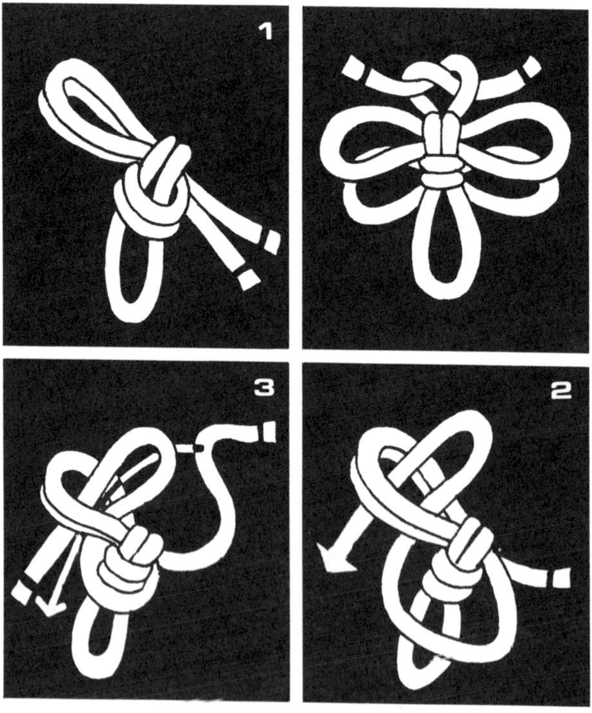

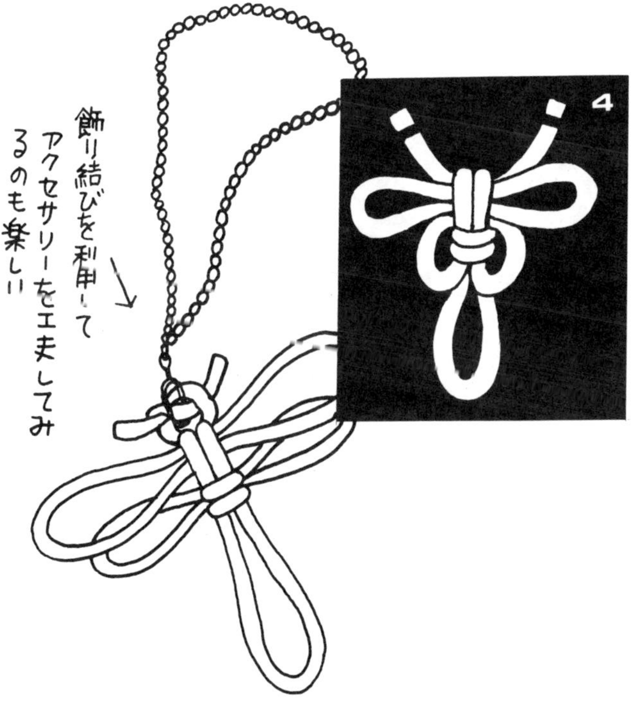
飾り結びを利用して
アクセサリーを工夫してみ
るのも楽しい
4

梅結び

叶結び

願いが叶うということで、この結びは日本では古来縁起のよい結びとされています。この結びはネッカチーフの結びに利用しても面白いもので、**ラバーズ・ノット**という外国名もあり、あちらでも縁起よい結びとされています。

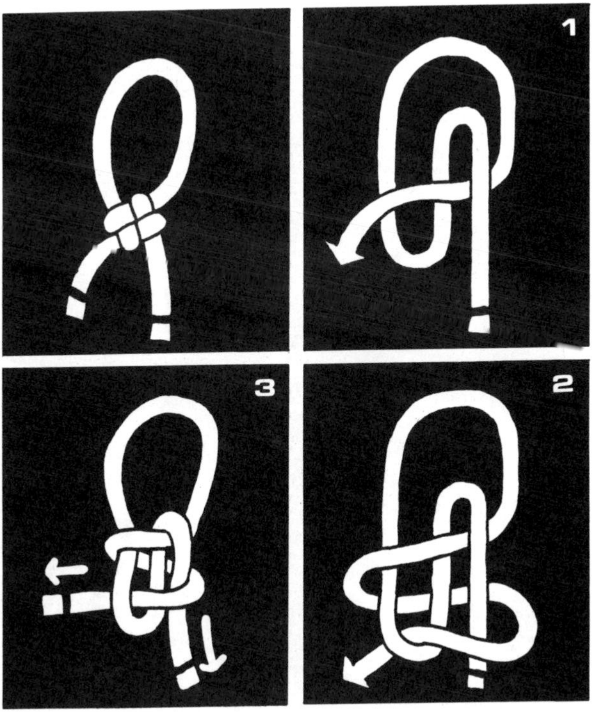

ふたえ叶結び

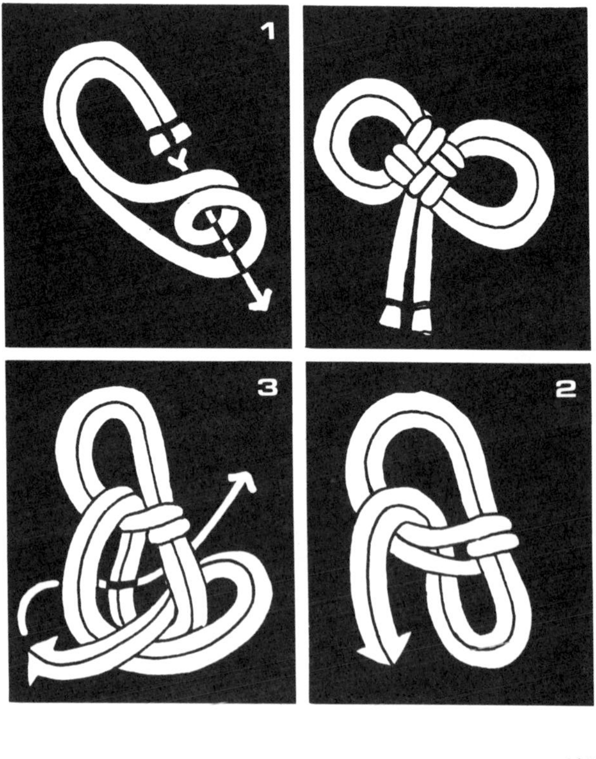

逆のし返し

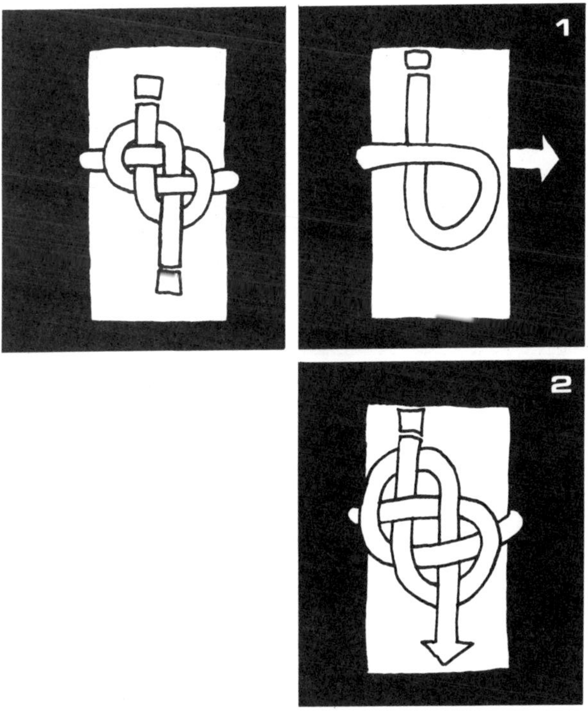

相生結び
のし返し

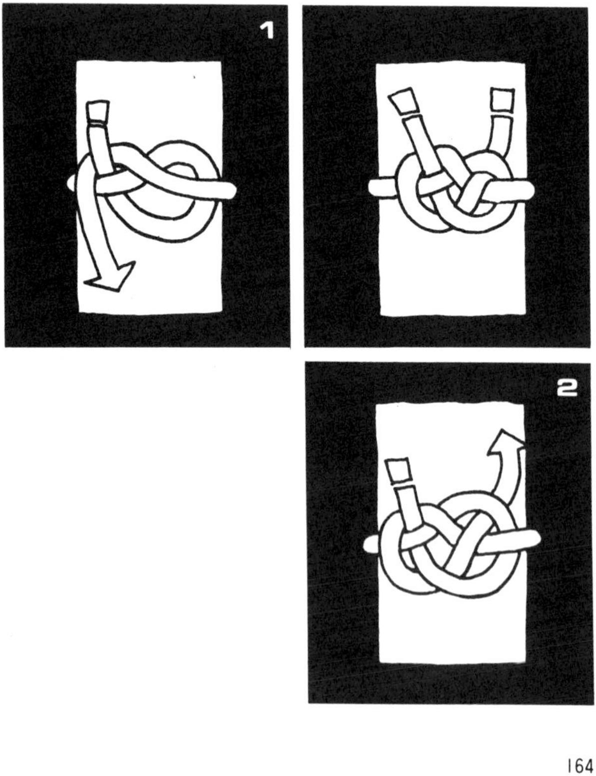

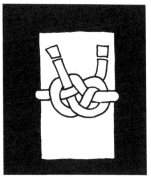

ネクタイの結び方

毎日結んでいるネクタイ、この結び方には四つの方法があります。

①ウインザー・ノット＝恋のために王位を捨てたことで有名な英国のウインザー公が好んで用いたというので、この名があります。結び目が太く大きく、ワイド・スプレッドのドレスシャツ向き。

②セミ・ウインザー＝日本の紳士諸公にも多く見かける型で、ウインザー・ノットよりやや小さな結び目ながら、型がくずれないのが特徴です。

③レギュラー＝一般にプレーン・ノットと呼ばれているもので〝一回結び〟ともいいます。アイビーのボタン・ダウン・シャツに多く使われ、最も小さい結び目です。

④蝶タイ＝ボウタイとも呼ばれ、タキシードを着る時には欠かせない結び方です。

のし返し

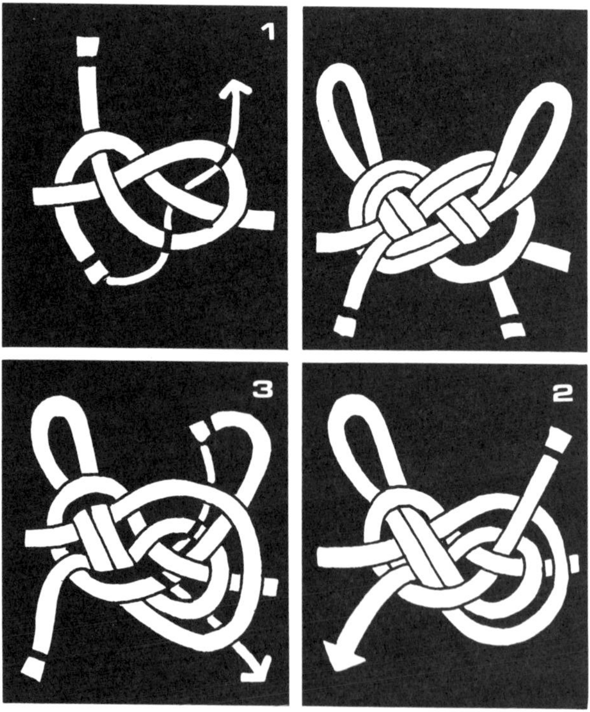

★こんなものも作れます

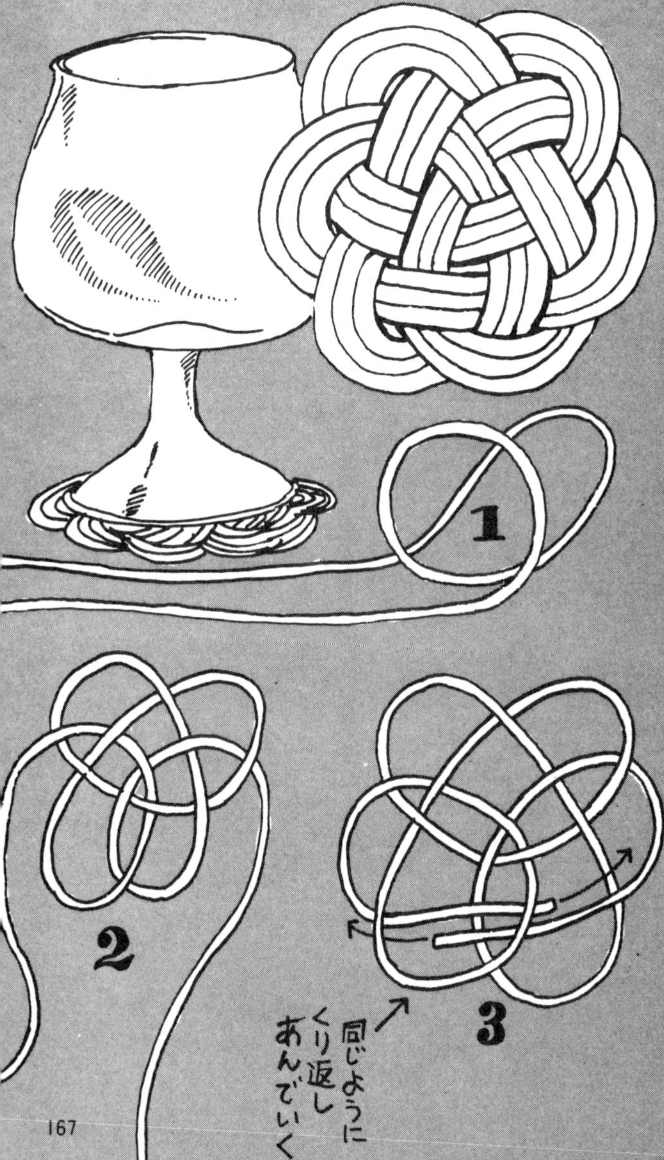

第8章○末端をとめる

からみ止め ①

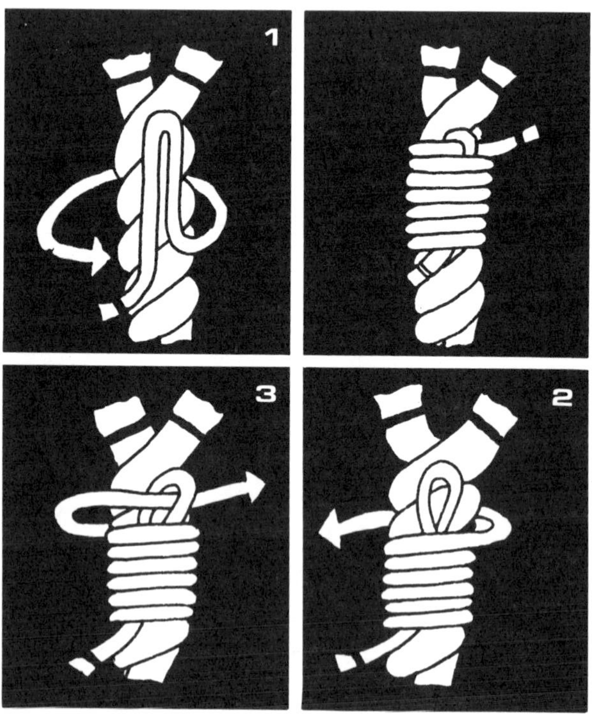

★ロープを利用してドラムカンやたるなどをらくにおろす
荷物が非常に重い場合はロープを持つ人をふやす
このロープの末端はしっかり止めておかないとキケン

からみ止め ②

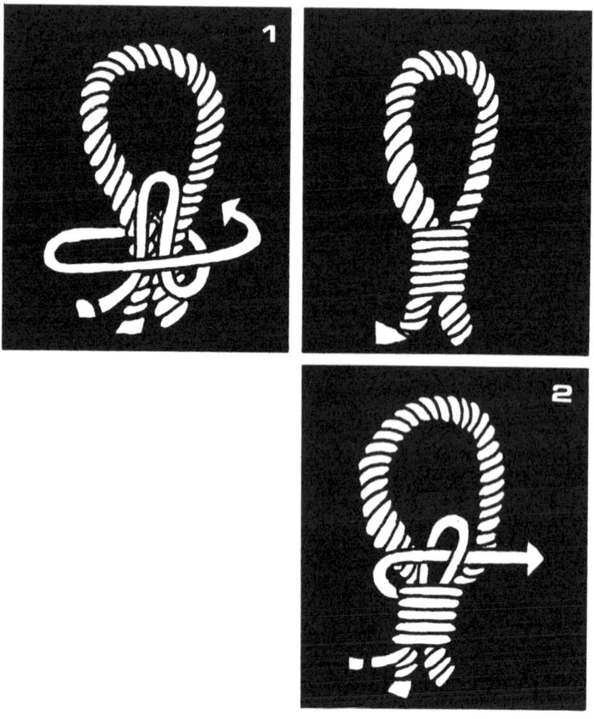

ウオール・ノット

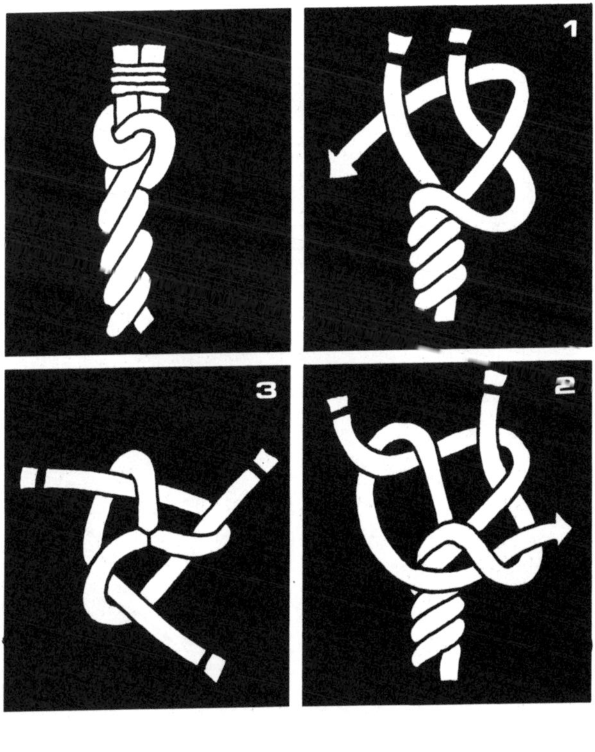

ダブル・マシュー・ウォーカー・ノット

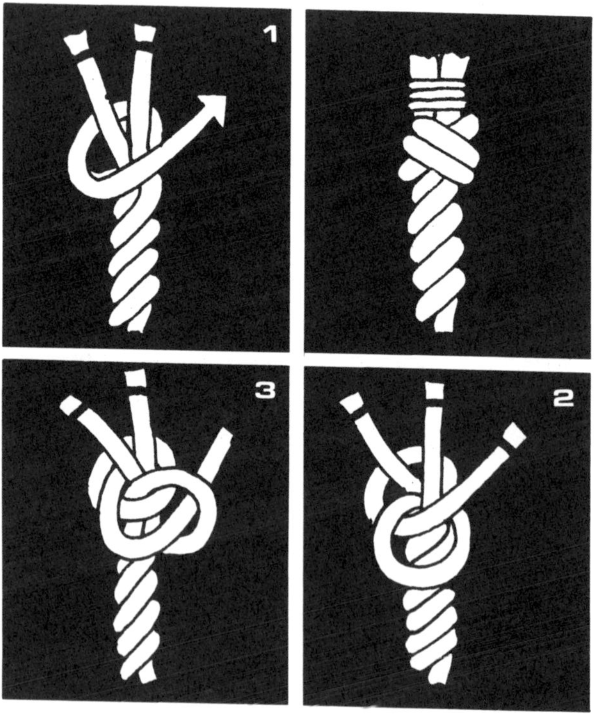

★ひきとけ結びをかんたんにつくる

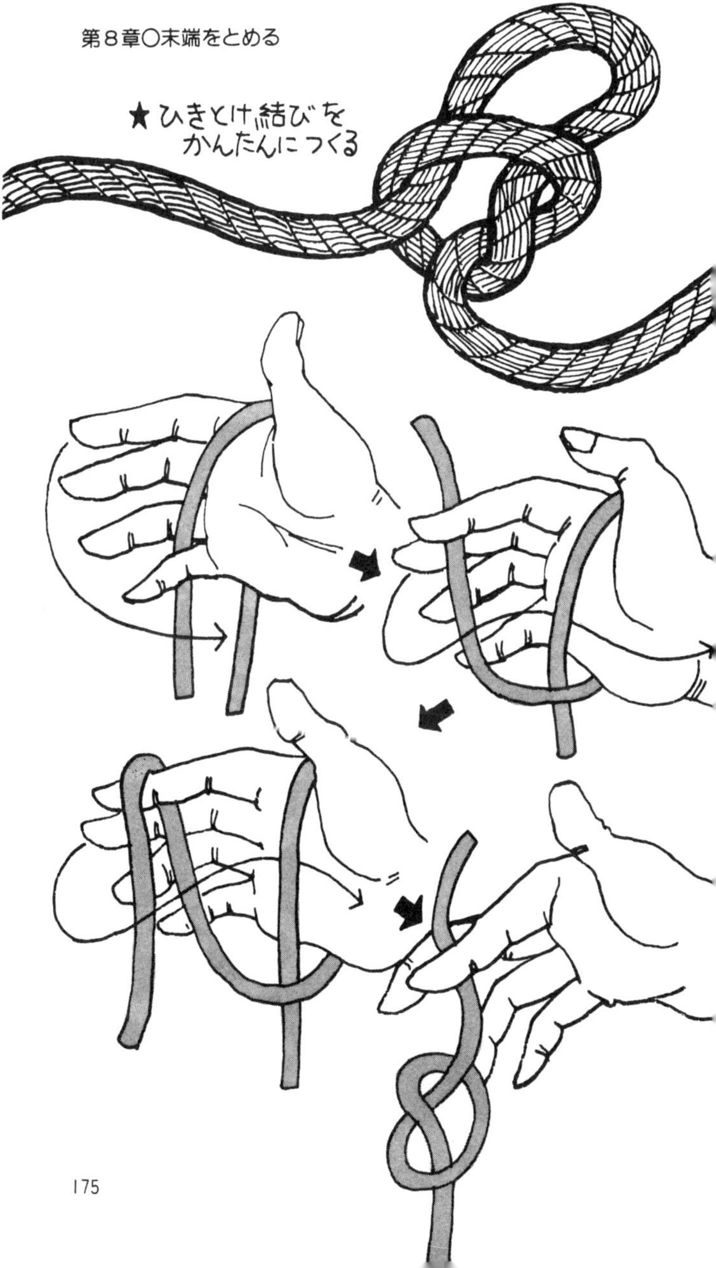

クラウンノット

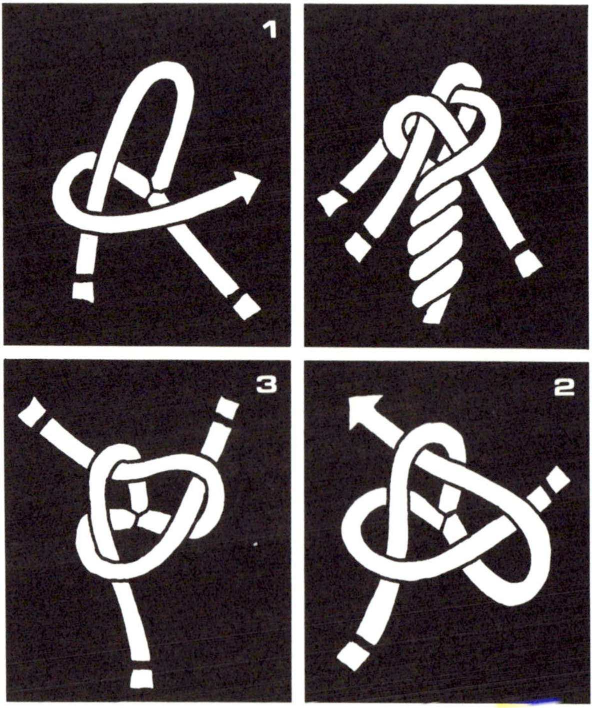

第8章○末端をとめる

第9章○たばねる

早解縄

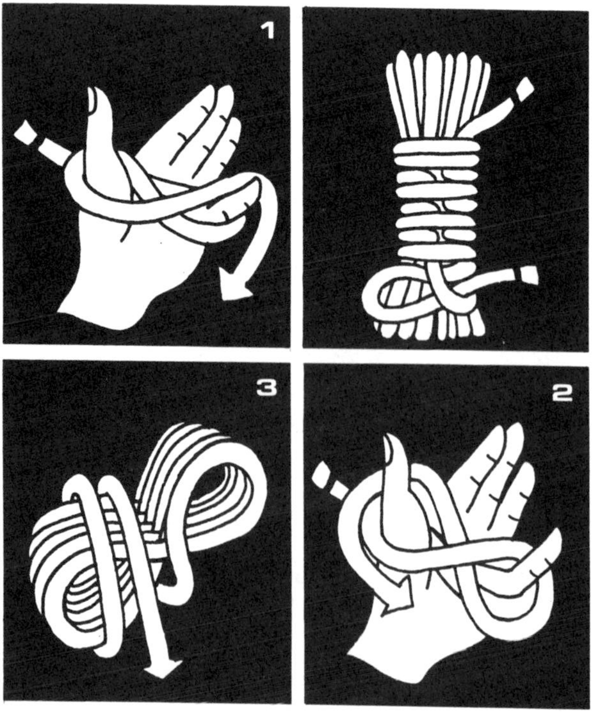

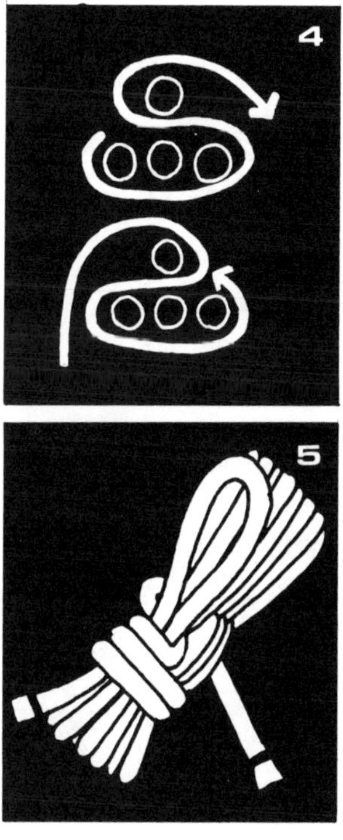
4
5

ロープ整理

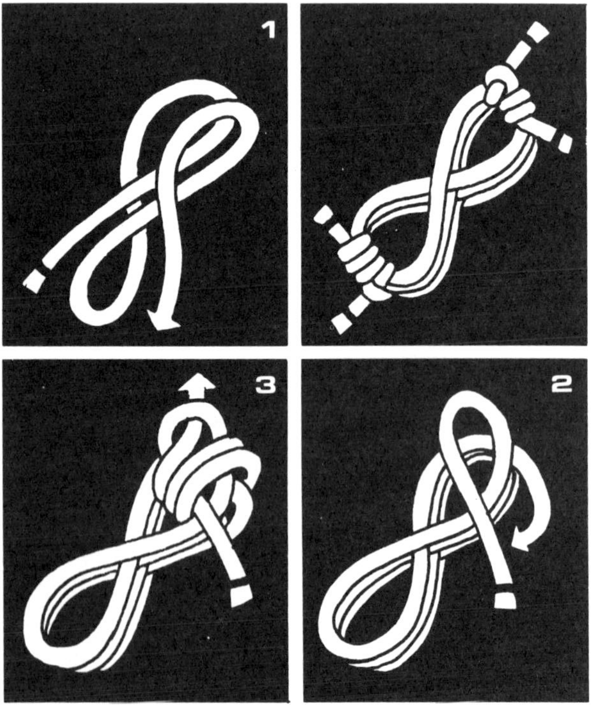

かいのくち

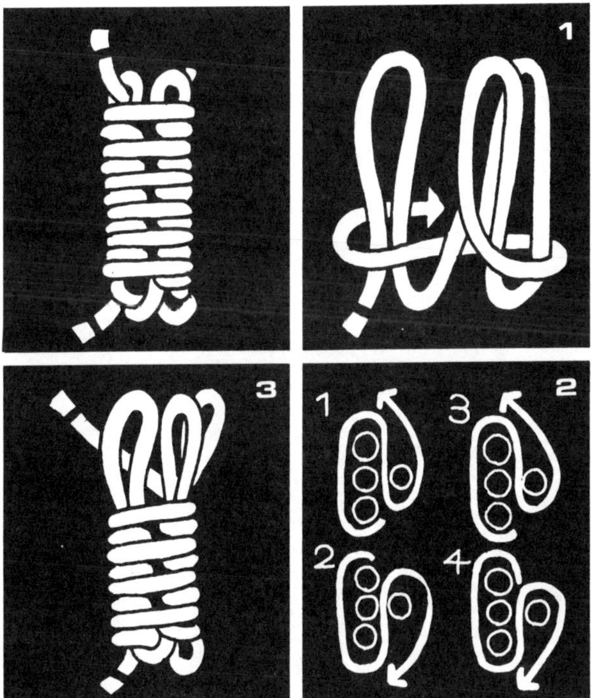

えび結び

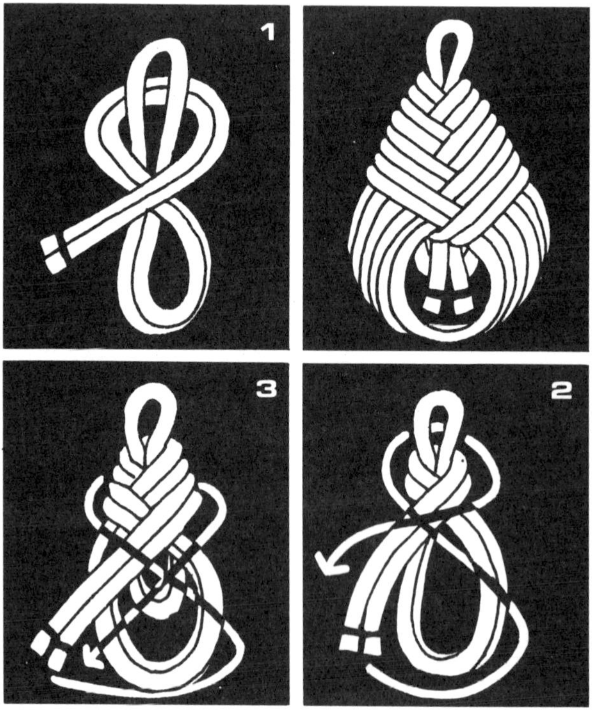

4

棒結び

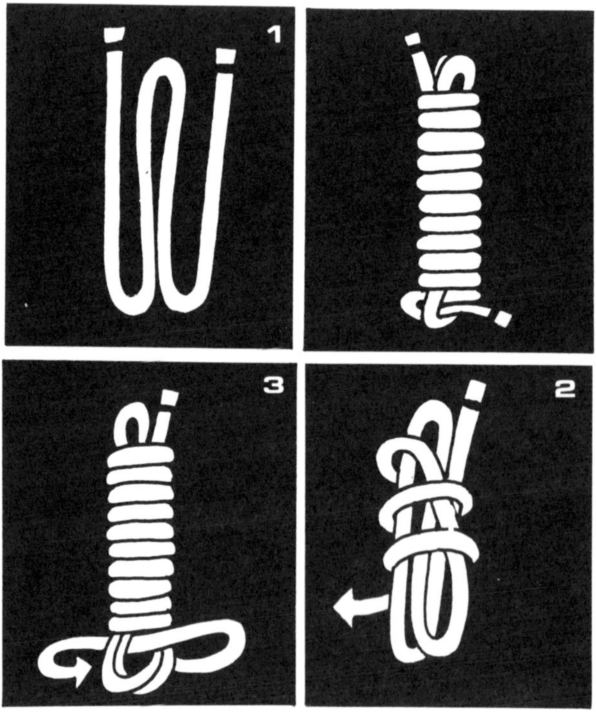

すぐできる！
紐とロープの結び方

監修者　西　田　　　徹
発行者　真 船 美 保 子
発行所　ＫＫロ ン グ セ ラ ー ズ
〒169-0075　東京都新宿区高田馬場2-1-2
電　話03-3204-5161(代)

印刷　太陽印刷　　　製本　難波製本

ISBN978-4-8454-5031-2
Printed In Japan 2017